THE AMMAN VALLEY AND DISTRICT
A Photographic Portrait

Dyffryn Aman a'r Cylch
Portread mewn Lluniau

The Amman Valley and District
A Photographic Portrait

Brian Lewis

GOMER

Argraffiad cyntaf —Hydref 1996

ISBN 1 85902 421 1

The royalties from the sale of this book will be donated to Christian Aid.

Cyflwynir y breindaliadau a dderbynnir trwy werthiant y llyfr hwn i Gymorth Cristnogol.

Argraffwyd gan
Wasg Gomer, Llandysul, Ceredigion

RHAGAIR

Nid oedd yn fwriad gennyf ysgrifennu hanes Dyffryn Aman a'r cyffiniau ond yn hytrach gyflwyno i sylw'r darllenydd luniau a ffotograffau a fyddai'n rhoi cip ar y gorffennol—delweddau i'n hatgoffa o'r cyfnodau da ac anodd yn ein hanes. Rwy'n mawr obeithio bod fy newis yn adlewyrchu peth o fywyd diwylliannol a chymdeithasol y dyffryn.

Fe dderbyniais nifer o gardiau post a lluniau gan gyfeillion, naill ai ar gyfer eu copïo neu i'w cadw, ac rwy'n ddiolchgar iddynt am eu haelioni. Hoffwn hefyd ddiolch i bawb a gyfrannodd mewn rhyw ffordd neu'i gilydd at y gwaith o gasglu ynghyd y deunydd sy'n ymddangos yn y llyfr hwn. Diolchaf yn arbennig i Peter Gibson am ei waith ffotograffig, i Adrian Phillips am gywiro gwallau gramadegol, i Einir Talfryn Jones am drosi'r testun i'r Gymraeg, i Rhiannon a Michael Anthony, fy merch a'm mab yng nghyfraith, ac yn olaf, ond nid yn lleiaf o bell ffordd, i'm gwraig am ei hamynedd a'i chefnogaeth.

Yn ogystal, hoffwn fanteisio ar y cyfle hwn i ofyn i'r sawl a chanddo yn ei feddiant unrhyw hen luniau, cardiau post neu ddefnyddiau eraill sy'n dwyn i gof Dyffryn Aman 'slawer dydd, neu sy'n meddu ar wybodaeth ychwanegol am y lluniau yn y gyfrol hon, gysylltu â mi. Gwerthfawrogwn hynny'n fawr iawn gan ei bod hi'n bwysig ein bod ni'n cofnodi ac yn diogelu hanes ein hardal a'n cymuned.

Pa mor werthfawr bynnag yw'r trysorau a'r gemau sydd yn y llyfr hwn, neu yn ein meddiant neu ar gof gennym, y Trysor mwyaf yr ydym yn meddu arno yw Iesu Grist, a fydd yn parhau yn dragywydd.

Brian Lewis.

FOREWORD

I have not attempted to write a history of Amman Valley and district but rather to present a pictorial and photographic glimpse into the past—to remind us of good and bad times. I hope that my selection reflects some aspects of the social history and community life of the valley.

I have, in the past, received numerous postcards and photographs from friends either to copy or keep, and to them I am very grateful. In particular, I would like to thank the following, some of whose postcards/photographs are reproduced in the book: Mansel Davies; Margaret Davies; Shelagh Rees; Gwyndaf Lewis; Marc Evans; the Hamer family; Jane Powell; David Rees Jenkins; Nan Hanham; Lyn Waters; Mrs Jones (Gwauncaegurwen); Mrs Williams (Garnant); Les Watkins; Bill Neal; Dyfrig Anthony.

I also extend my appreciation and thanks to everybody who has contributed in any way to the compilation of this book. In addition, I would like to thank Peter Gibson for his photographic work, Adrian Phillips for correcting grammatical errors, Einir Talfryn Jones for preparing the Welsh translation, my daughter and son-in-law Rhiannon and Michael Anthony, and last but not least my wife Mair for her patience and support.

Finally, should you, the reader, have in your possession any photographs, postcards, ephemera or memorabilia of the Amman Valley which you would be prepared to loan, or any additional information relating to photographs appearing in this collection, I would be grateful if you would contact me, for it is important that we record and preserve the history of our community.

Whatever gems and treasures there are in this book, in one's memory or in one's possession, the Greatest treasure of them all is, and always will be Jesus Christ.

Brian Lewis.

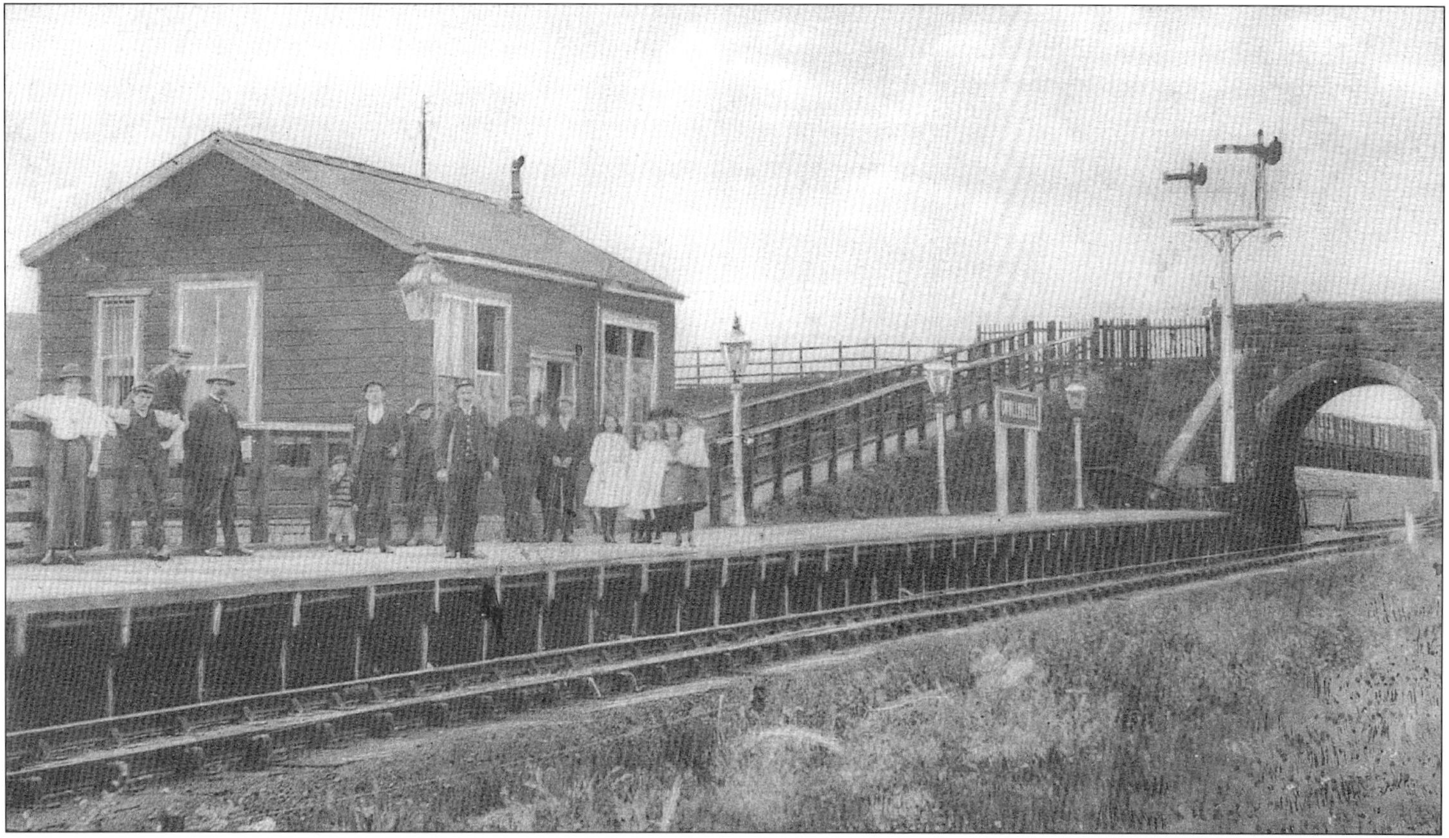

Gorsaf Cwmllynfell. Postiwyd y cerdyn yn 1910, ac mae rhan o'r neges arno yn darllen fel a ganlyn: 'Dyma'r brif orsaf, bron cymaint â Phaddington ond dim cweit'! Agorwyd yr orsaf dan yr enw Gwauncaegurwen Colliery Halt yn 1896, ond fe'i hailenwyd a'i hagor i'r cyhoedd yn 1909.

Cwmllynfell station. The card is postmarked 1910, and part of the message reads: *'This station is the main one very nearly as big as Paddington but not quite'*! The station opened as Gwauncaegurwen Colliery Halt in 1896, but was renamed and opened to the public in 1909.

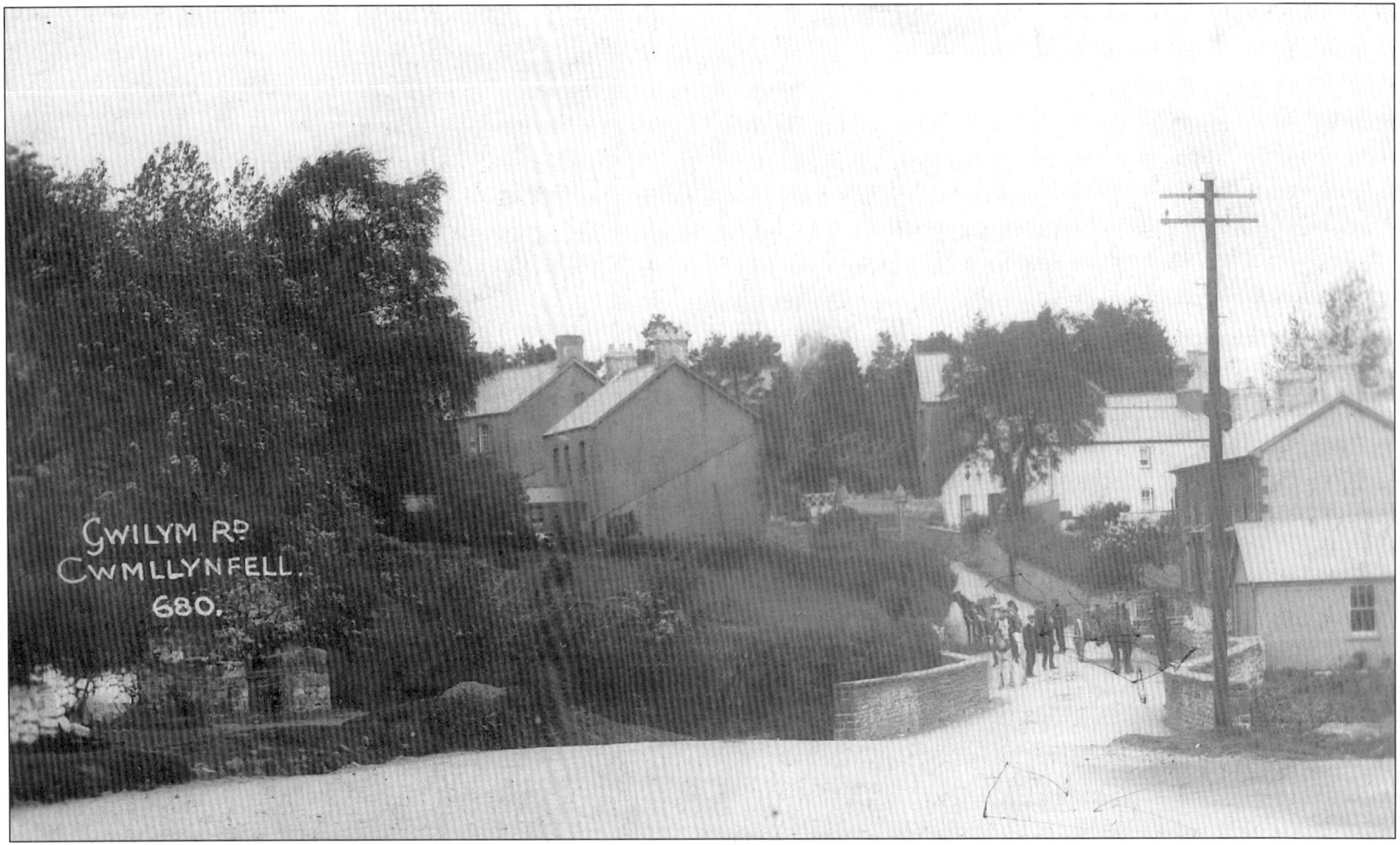

Heol Gwilym tua 1910. Does dim car i'w weld yn unman, dim ond cert llaeth ac arno stên, cert glo, a dyn ar gefn ceffyl.

Gwilym Road *c.* 1910. There are no cars in evidence, only a coal delivery cart, a milk cart with churn, and a rider on horseback.

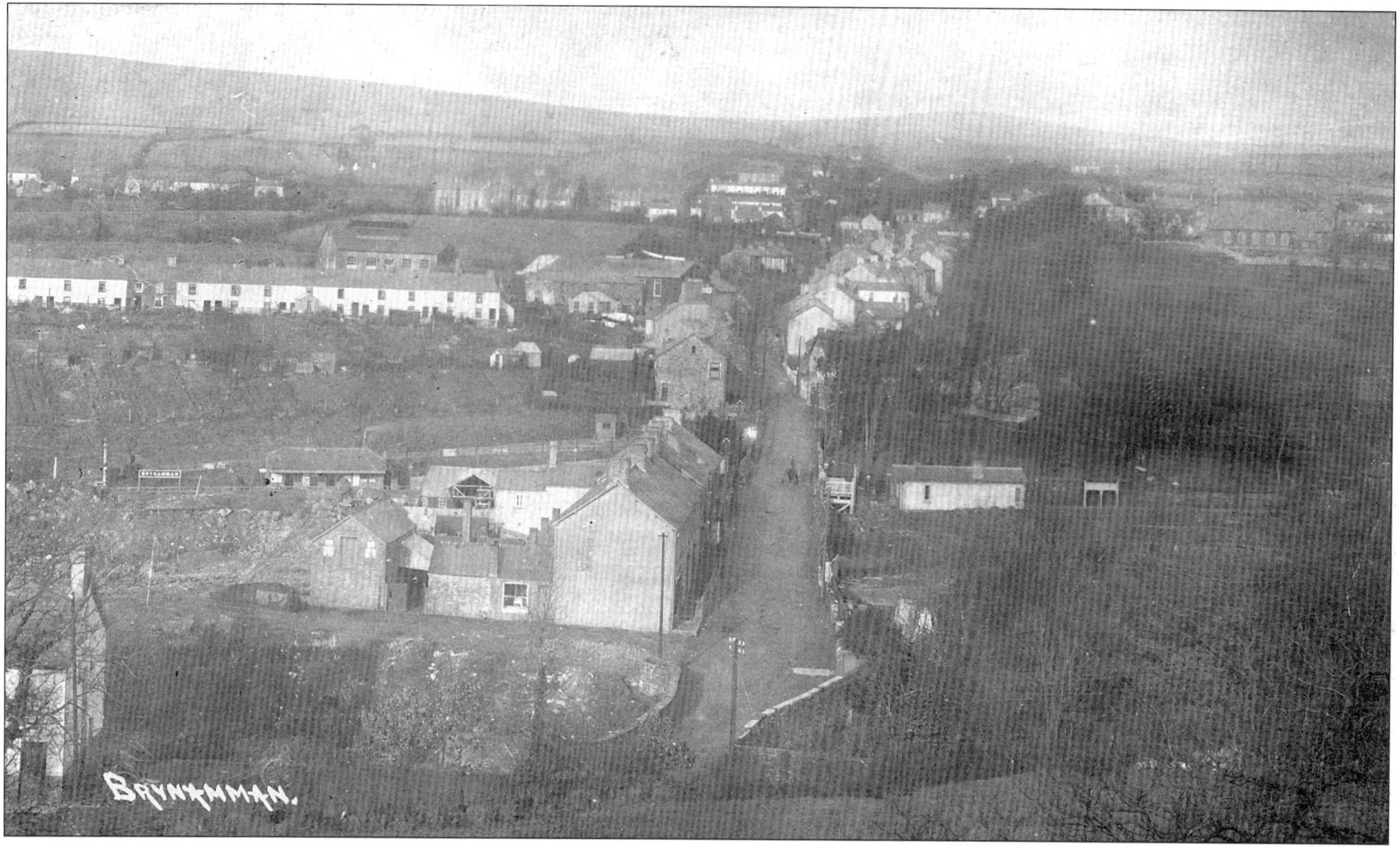

Brynaman Uchaf, Heol yr Orsaf a'r ddwy orsaf—y GWR a'r Midland—y naill ochr a'r llall i'r heol, cyn 1908. Mae'r Orsaf Bŵer Drydan y tu ôl i Stryd y Neuadd, tua'r canol ar yr ochr chwith.

Pre 1908 Upper Brynamman, showing Station Road and the two stations—GWR and Midland—on either side of the road. The Electric Power Station is situated behind Hall Street, mid left-hand side.

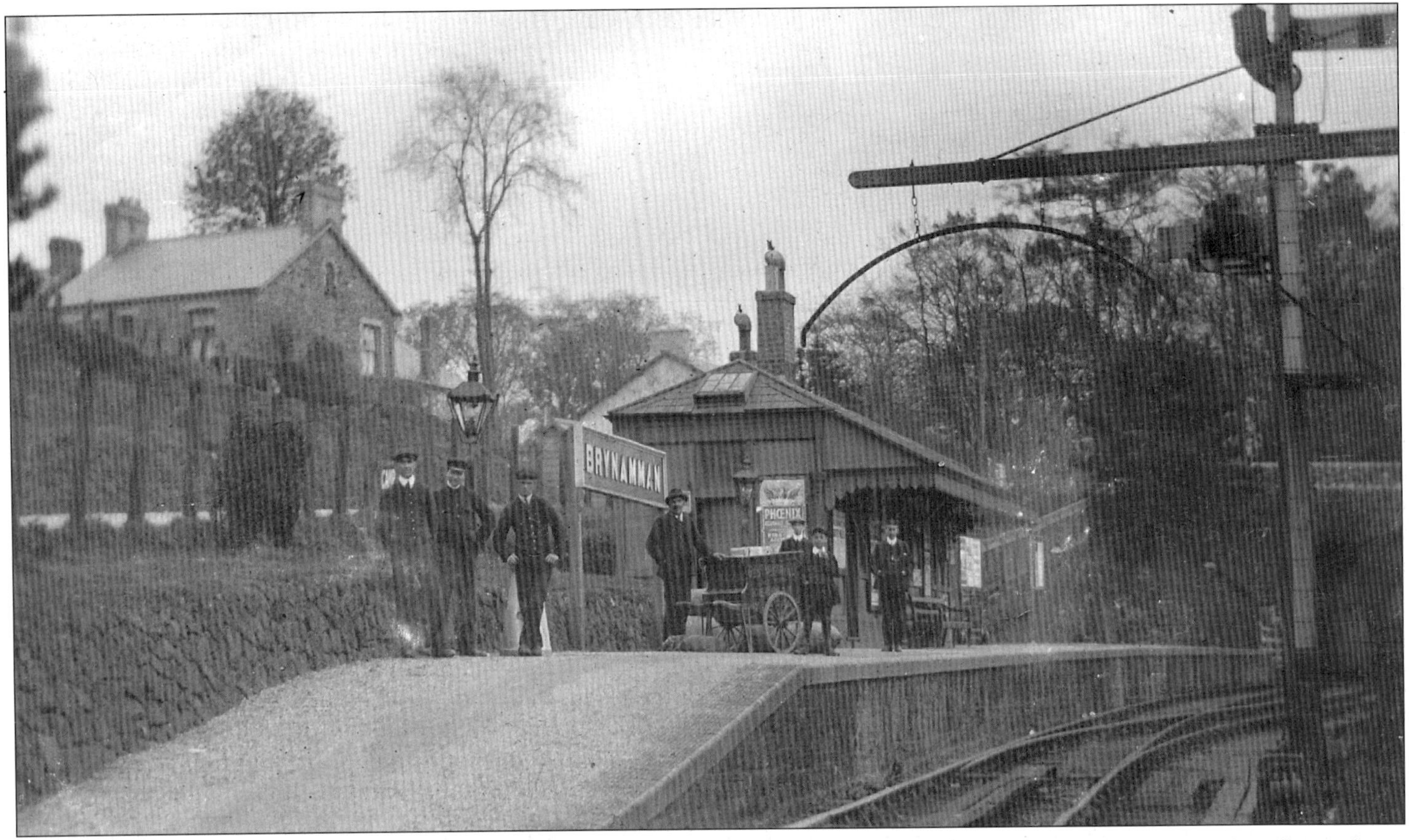

Cerdyn post, dyddiedig 1920, o orsaf y GWR a'r staff. Enw'r lein yn wreiddiol oedd Rheilffordd Llanelli ond yn ddiweddarach daeth yn rhan o'r GWR, ac agorwyd gorsaf newydd y GWR ar 25 Hydref 1886. Daeth y gwasanaeth i ben ar 18 Awst 1958.

This postcard, dated 1920, shows the GWR station and staff. The line was originally known as the Llanelli Railway but later became part of the GWR, and the new GWR station was opened on 25 October 1886. Services were withdrawn on 18 August 1958.

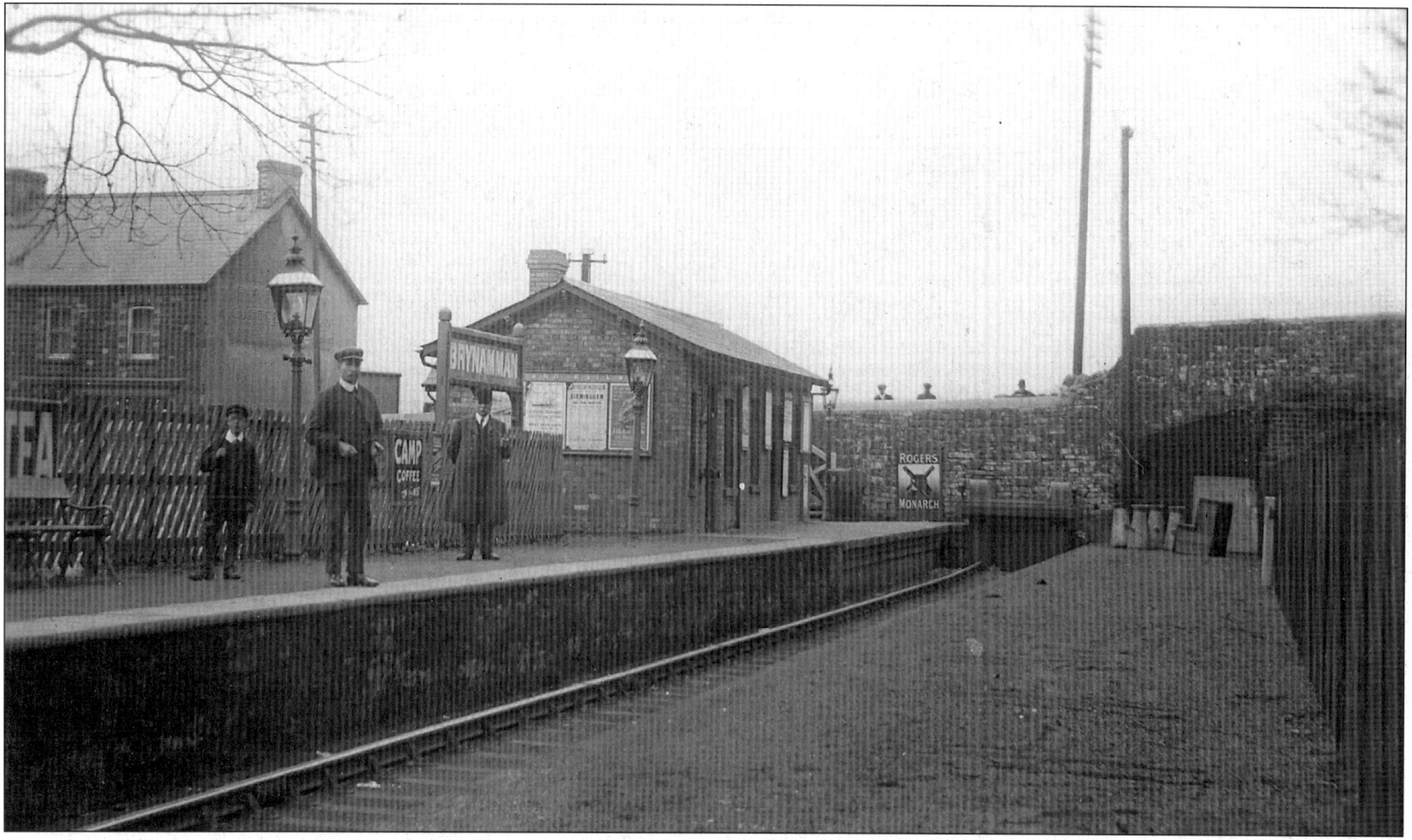

Cyrhaeddodd Rheilffordd Dyffryn Tawe Frynaman yn 1864 (y flwyddyn y mabwysiadwyd yr enw Brynaman yn lle'r Gwter Fawr). Cafodd y rheilffordd ei gosod ar brydles ac yna ei chorffori yn Rheilffordd Canolbarth Lloegr yn 1874. Daeth y gwasanaeth cludo teithwyr i ben ar 25 Medi 1950.

The Swansea Vale Railway Line finally reached Brynaman in 1864 (the year the village name, Y Gwter Fawr, was changed to Brynamman). The railway was leased to and later vested in the Midlands Railway in 1874. Passenger services were withdrawn on 25 September 1950.

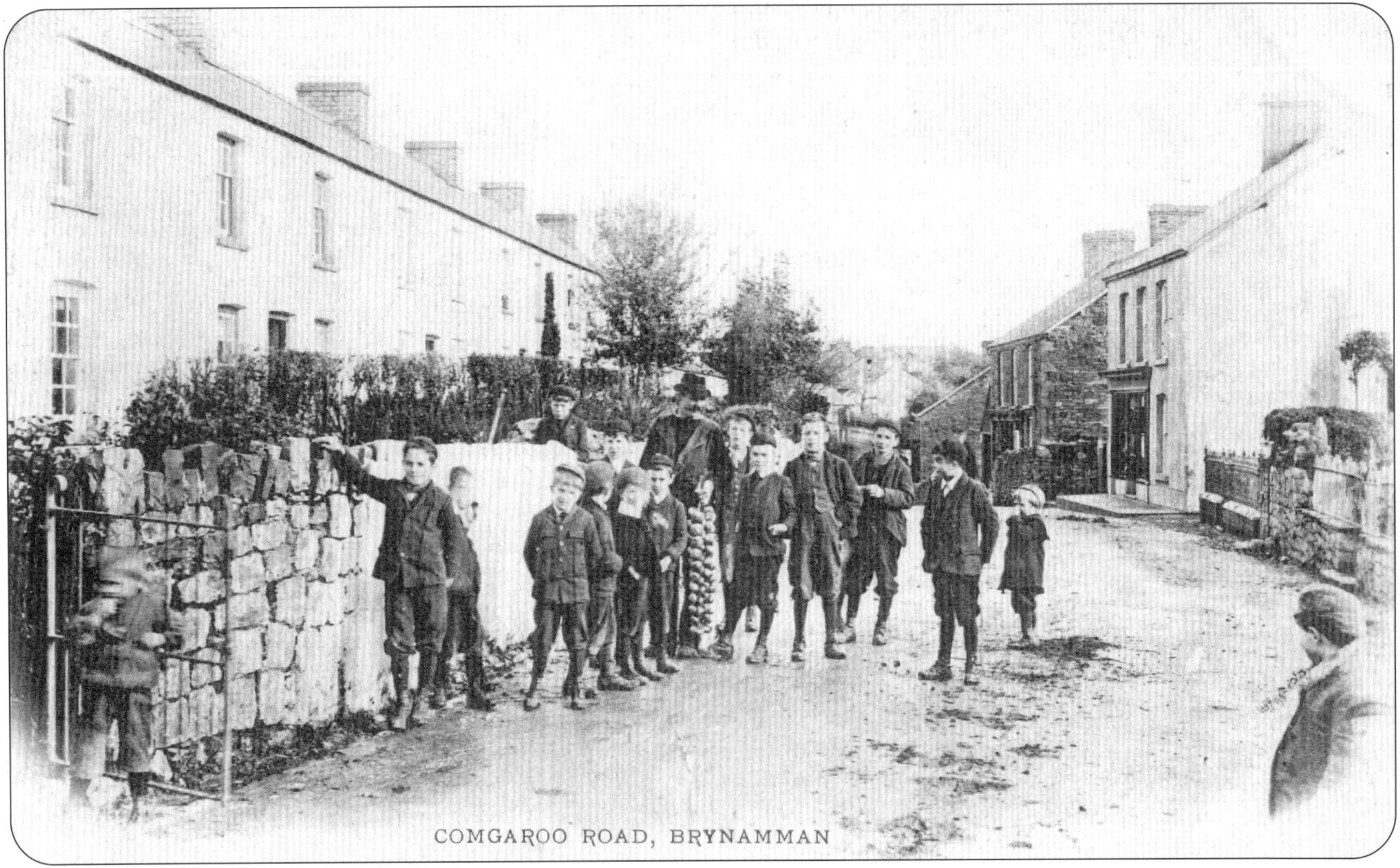

COMGAROO ROAD, BRYNAMMAN

Sylwch ar y ffordd y sillafwyd Ffordd Cwmgarw ar y cerdyn post hwn, a anfonwyd yn Ionawr 1910, o Sioni Winwns yn gwerthu ei raffau.

Notice the spelling of Cwmgarw Road on this postcard, sent in January 1910, of *Sioni Winwns* (Onion Johnny) plying his wares.

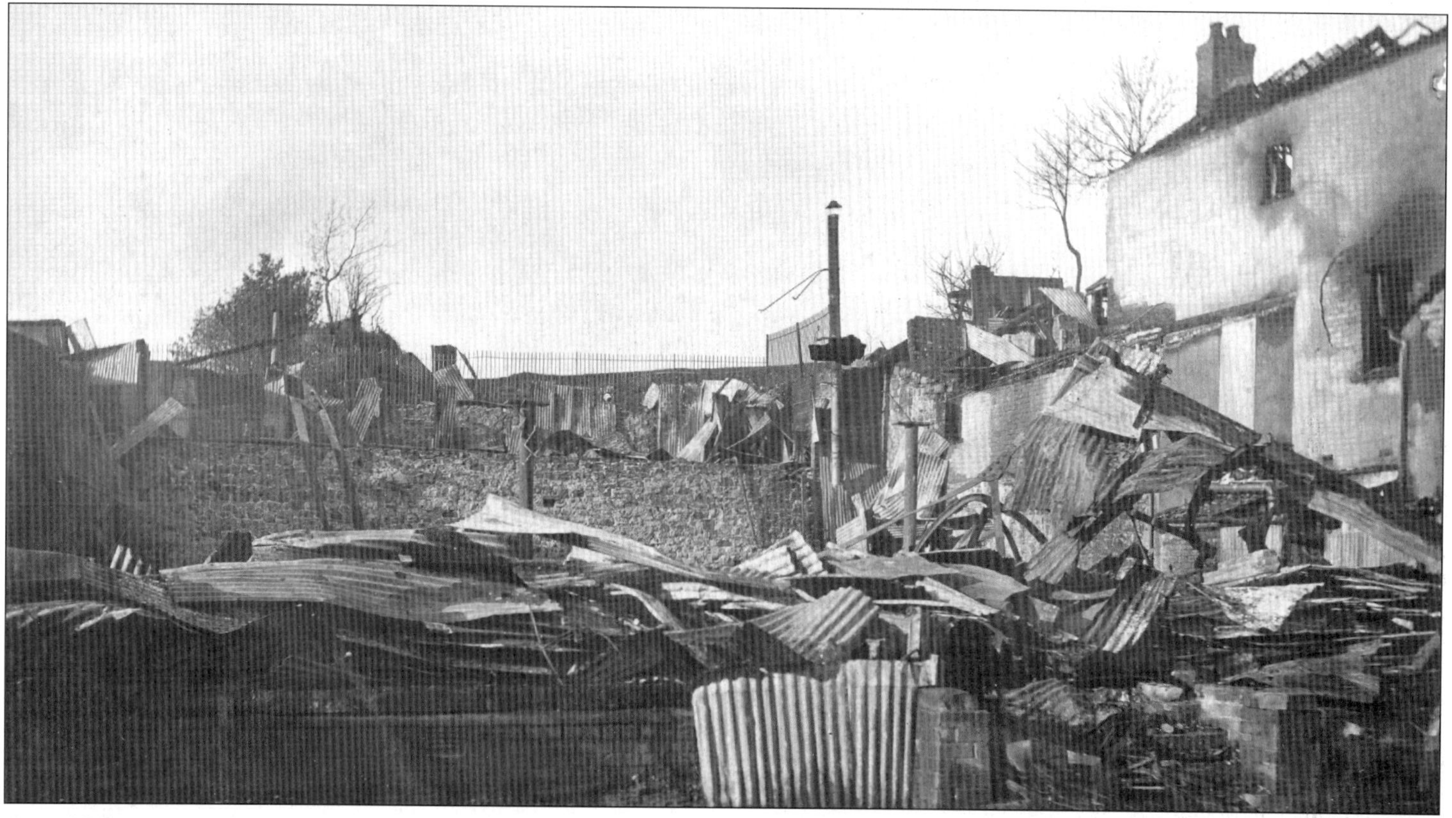

Gweddillion Neuadd Gyhoeddus Brynaman a ddinistriwyd gan dân ar 15 Rhagfyr 1915. Difrodwyd dros 9,000 o lyfrau'r llyfrgell a oedd yn rhan o'r neuadd.

The ruins of Brynamman Public Hall which was destroyed by fire on 15 December 1915. Over 9,000 library books, which occupied part of the hall, were lost.

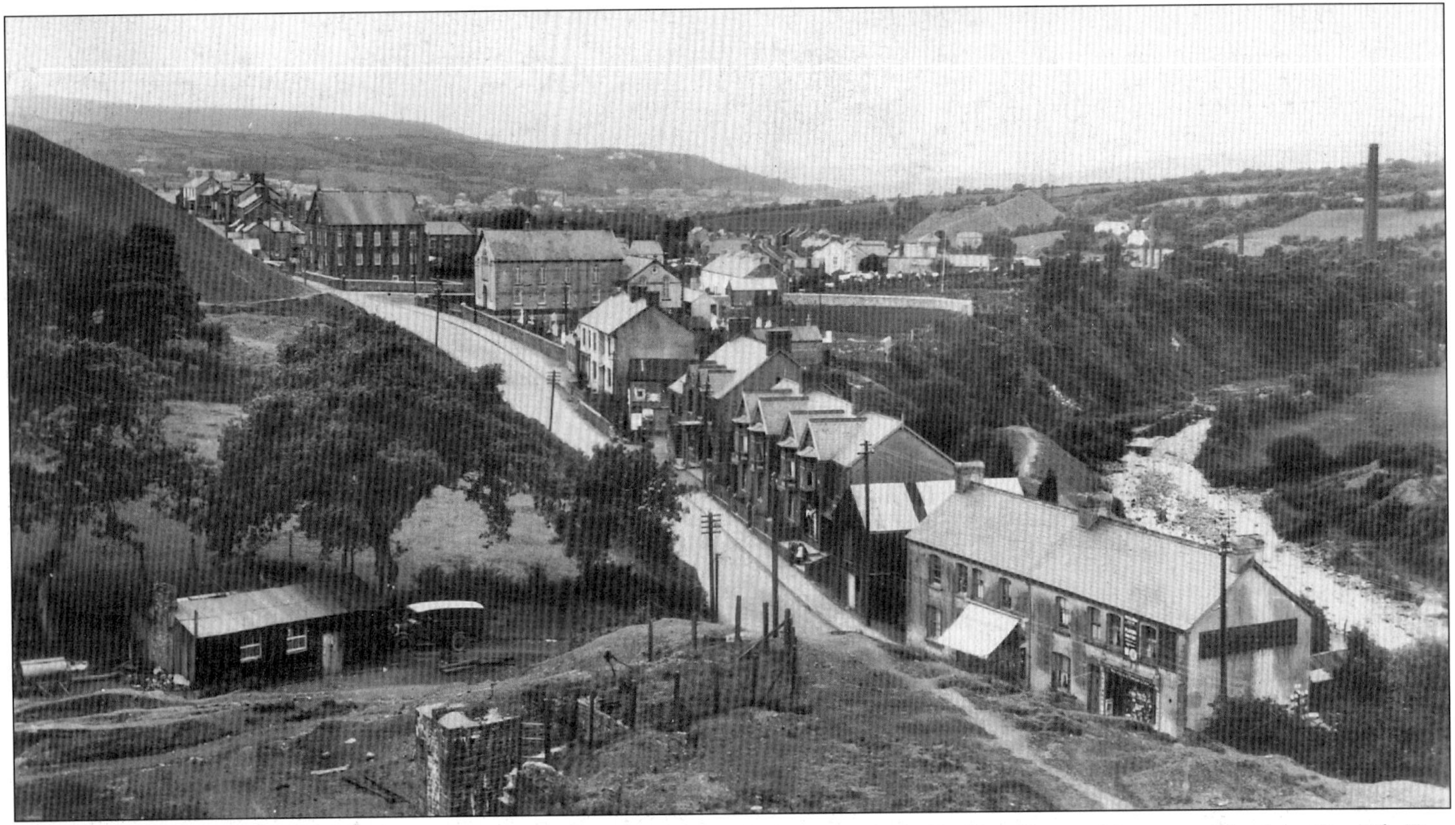

Tynnwyd y llun hwn, sy'n edrych i gyfeiriad capeli Ebeneser a Siloam, o safle Pwll y Gwter. Mae corn simdde Gwaith Tun Glynbeudy yn amlwg iawn, ac i'r chwith ohono mae tomen Gwaith Glo Brynaman (Ynys).

The photograph was taken from the site of Pwll y Gwter looking towards Ebenezer and Siloam chapels. The stack of Glynbeudy Tinplate Works and, to its left, the tip of Brynamman (Ynys) Colliery are clearly visible.

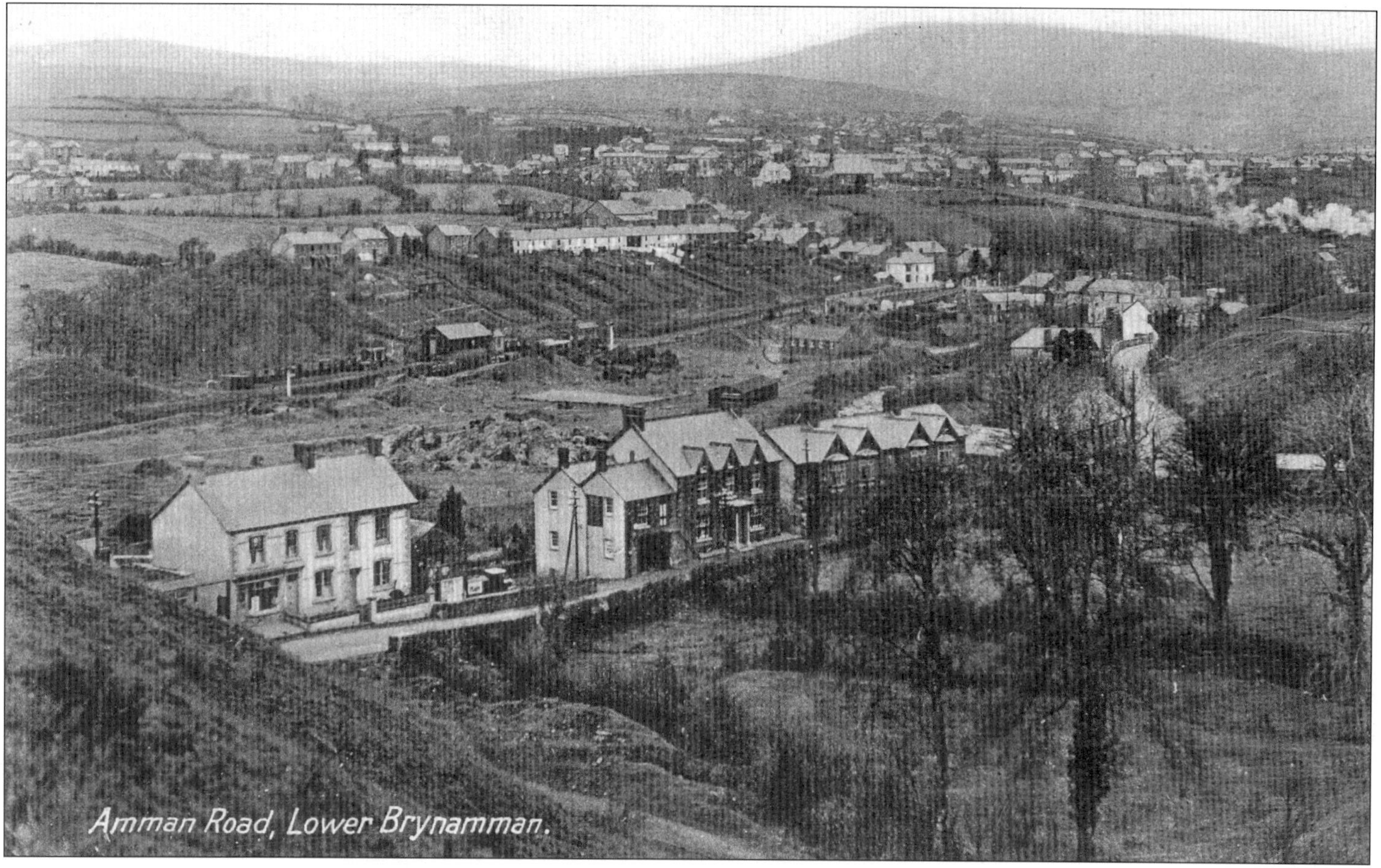

Yr olygfa tua Brynaman Uchaf: Gwesty Brynaman a Stafell y Band (blaendir); y Cwrt Tennis a Neuadd y Clwb Tennis lle arferai Côr Brynaman ymarfer (canol). Mae'r gwaith o symud tomen y gwaith haearn yn mynd rhagddo er mwyn paratoi lle ar gyfer y baddonau.

The view towards Upper Brynamman: Brynamman Hotel and Band Room (foreground); the Tennis Court and Tennis Club Hut where the Brynamman Choir held their rehearsals (centre). The iron works tip is being cleared to provide the site for the baths.

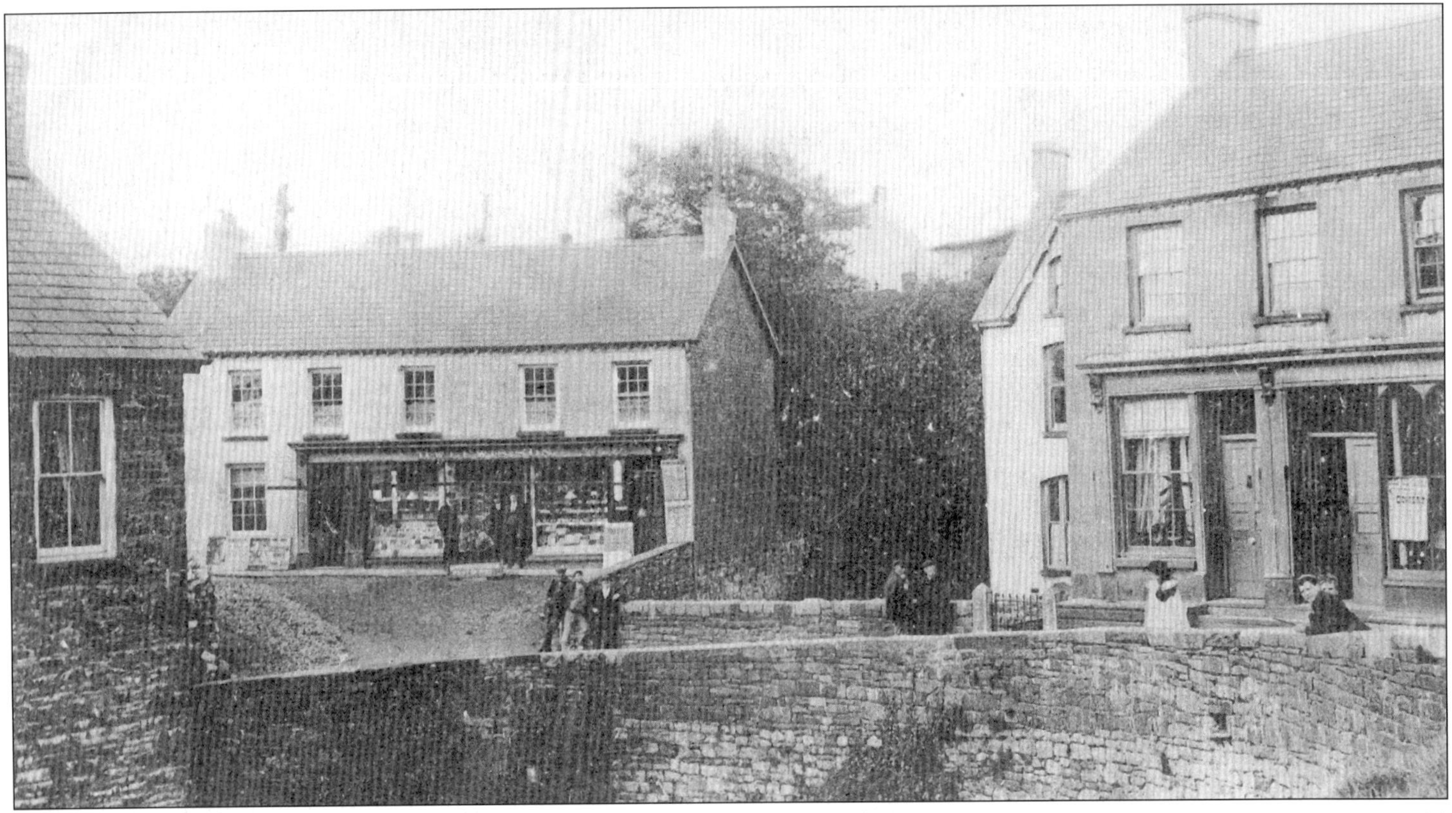

Siop a Swyddfa Bost D.W. Lewis a'i Feibion, tua 1905. Sefydlwyd y Swyddfa Bost gyntaf ym Mrynaman yn 1866, ac roedd yn cael ei chadw yng nghartref Mr Jeffrey Watkins.

D.W. Lewis & Sons' Post Office and shop, *c.* 1905. The first Post Office in Brynamman was established in the home of Mr Jeffrey Watkins in 1866.

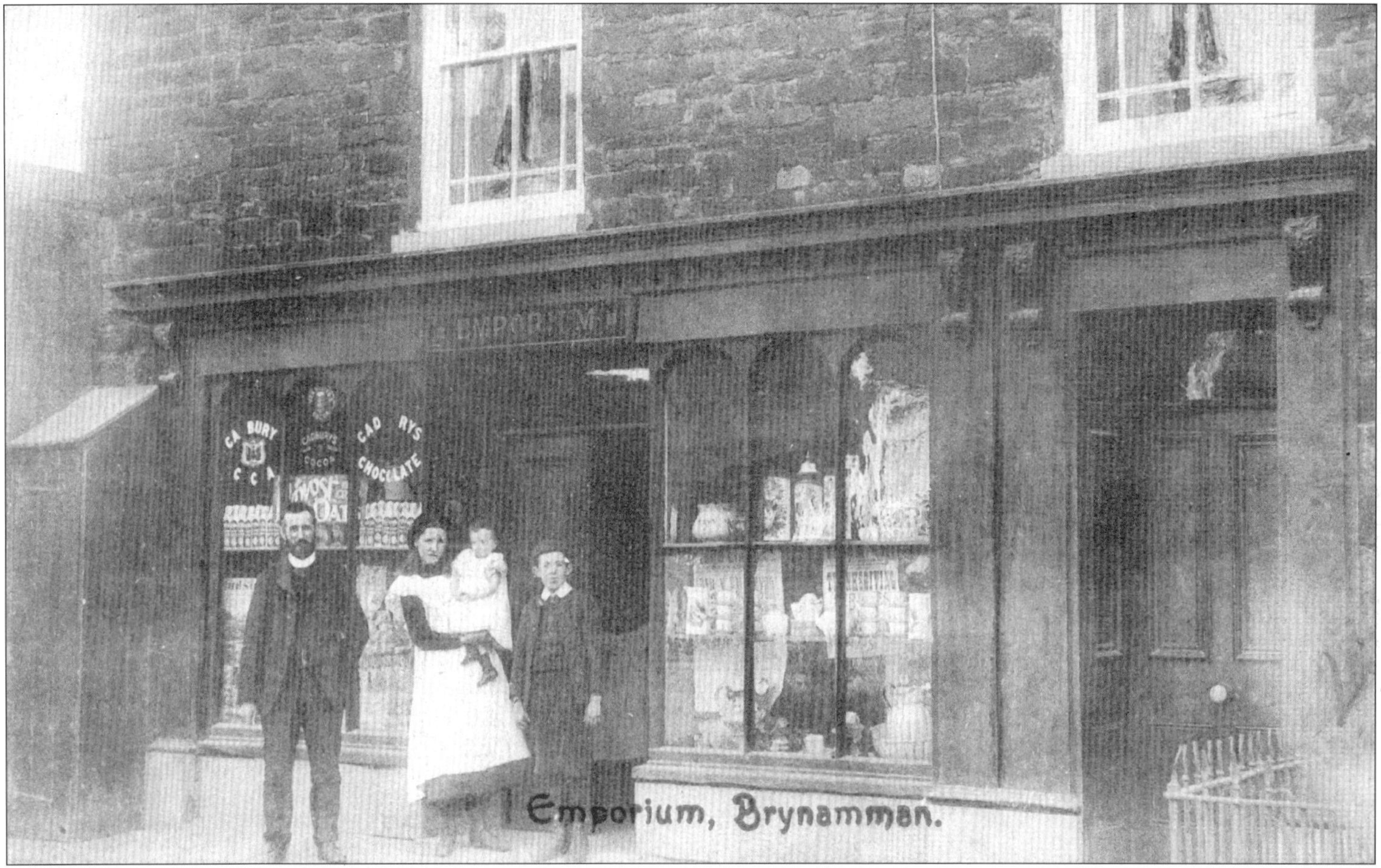

Yr 'Emporium', Heol Cwmgarw, Brynaman, tua 1906.

The 'Emporium', Cwmgarw Road, Brynamman, *c*. 1906. The business was advertised as follows:

Est. 1875. John Thomas, Emporium, Brynamman—General Grocer, Flour and Corn Merchants, General Dealer in China, Earthenware, Glass, Vases etc., Sole Agent at Brynamman for Sale of the Celebrated Mazawattee Tea and Coffee, Blasting Powder and Fuses always kept in stock.

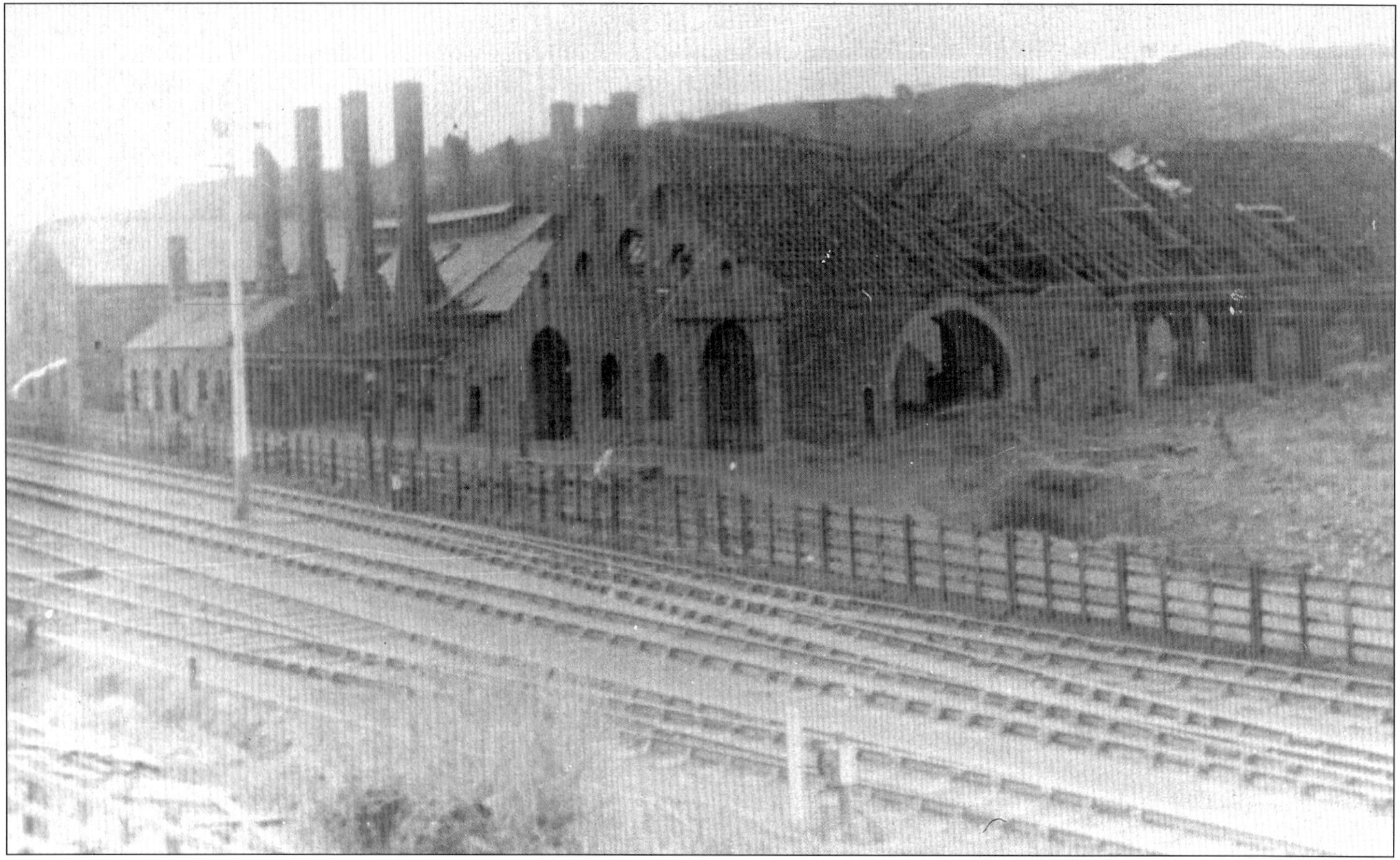

Hen Waith Tun yr Aman. Yn 1872 prynodd Gwaith Haearn Aman y Gwaith Tun a'i dair melin. Yn 1891 caeodd y Gwaith Haearn oherwydd i ddur ddisodli haearn yn y broses o gynhyrchu tunplat. Yn 1897 daeth dyddiau cynhyrchu'r Gwaith Tun i ben, ac fe'i caewyd yn ddiweddarach.

The old Amman Tin Works. In 1872 Amman Iron Works acquired a three-mill Tinplate Works. In 1891 the Iron Works closed down, steel having superseded iron in tinplate manufacture. In 1897 the Tinplate Works ceased operations and subsequently closed down.

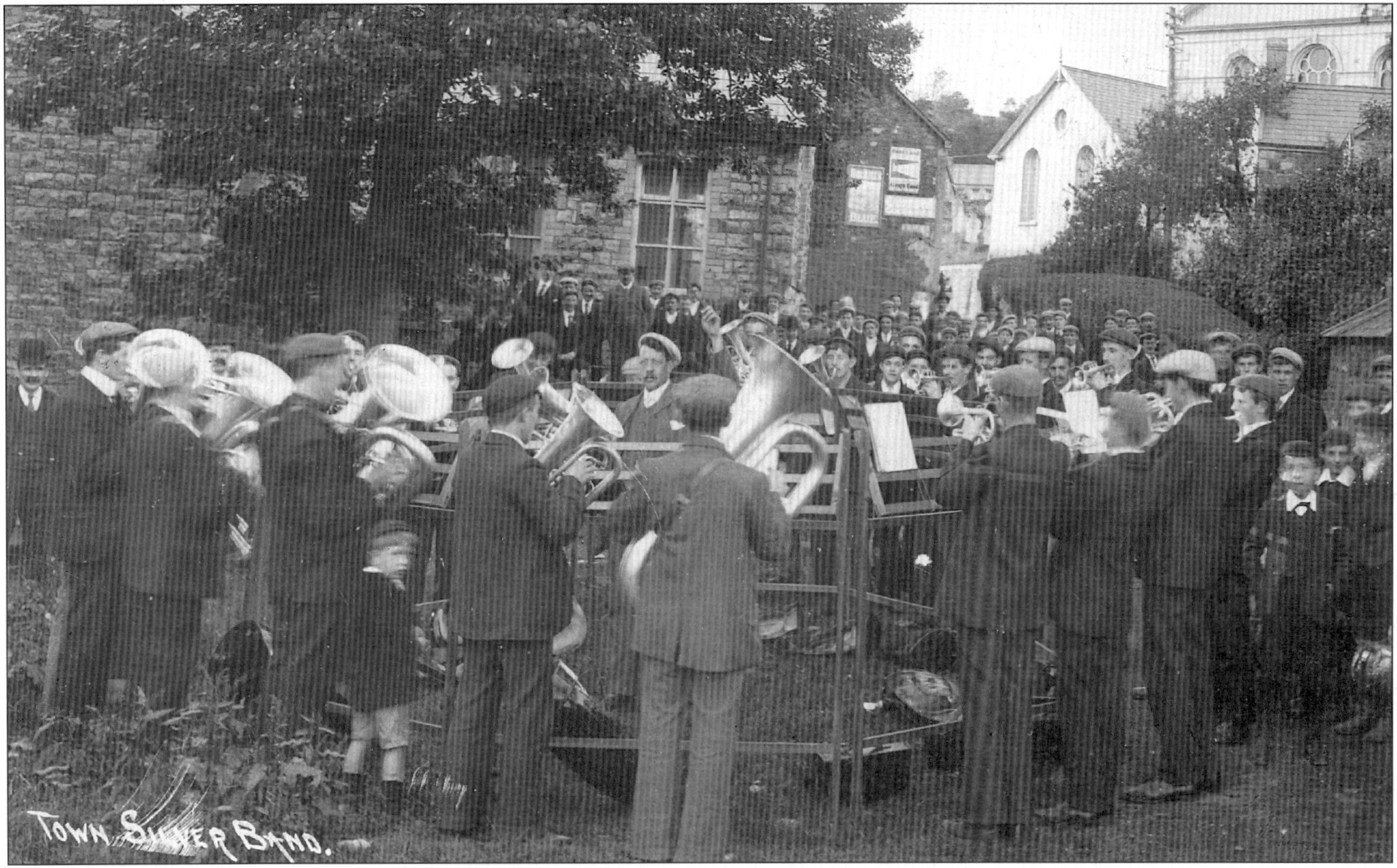

Band Arian Brynaman. Mae Capel Gibea yn y cefndir. Sylwch ar y stand miwsig crwn. Ond beth, tybed, oedd yr achlysur gan nad oes yr un ferch yn bresennol?

Brynamman Silver Band. Gibea Chapel is in the background. Notice the circular music stand. But what was the occasion, as there were no women present?

"Boast not thyself of to-morrow; for thou knowest not what a day may bring forth"

In

Loving Memory

of the

[redacted] Colliers [redacted]

who lost their lives in the terrible Colliery Explosion at the Rhosamman Colliery, Brynamman, on

Thursday, January 3rd, 1924.

Cerdyn Coffa a gyhoeddwyd wedi'r danchwa yng ngwaith Rhosaman yn 1924. Sylwch ar y modd y cywirwyd y camgymeriad. Lladdwyd saith, nid wyth, o ddynion.

Memorial Card published after the explosion at Rhosamman Colliery in 1924. Notice that a mistake in the number of men killed necessitated a correction: seven, not eight, lost their lives.

A sudden change; at God's command they fell;
They had no chance to bid their friends farewell.
Swift came the blast, without a warning given,
And bid them haste to meet their God in Heaven.

T. T. JONES (45), married (six children), Rhosamman.

IOAN JONES (17), single, Rhosamman, son of T. T. Jones.

GLYN THOMAS (30), married (one child) Rhosamman, son-in-law of William Thomas Jones.

JAMES T. DAVIES (33), single, Rhondda Valley.

WM. DAVIES (24), single, fireman, Rhosamman.

GEO. HUGHES (42), married. Contractor, Old-road, Neath Abbey.

W. T. JONES (42), Penygraig View, Rhosamman, who died at the Swansea Hospital as a result of injuries received.

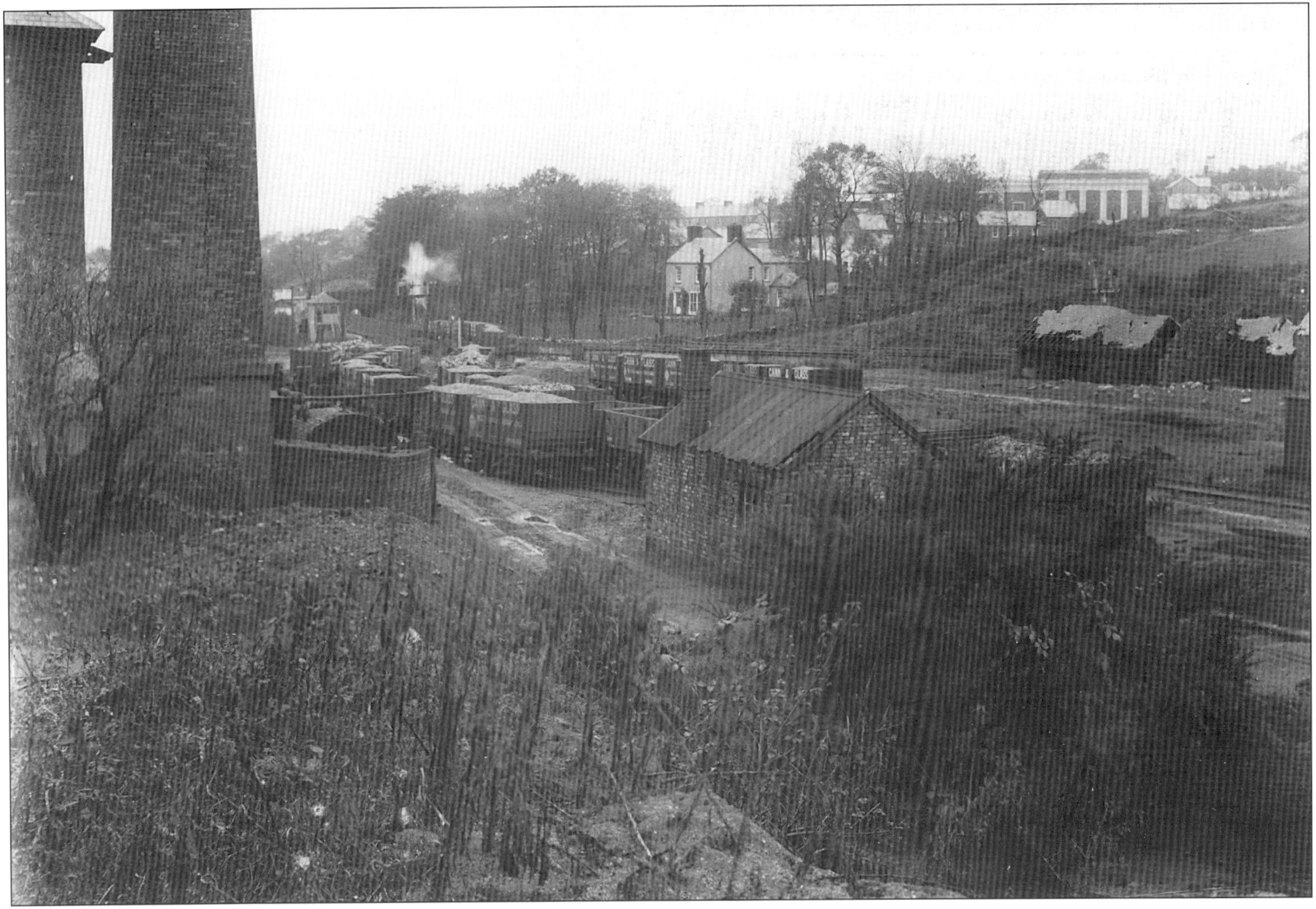

Iard y Forge a'r gwageni glo o Lofa Pantycelyn, a'r gwaith brics lleol.

Forge Yard Sidings, with coal wagons from Pantycelyn Colliery, and local brickworks.

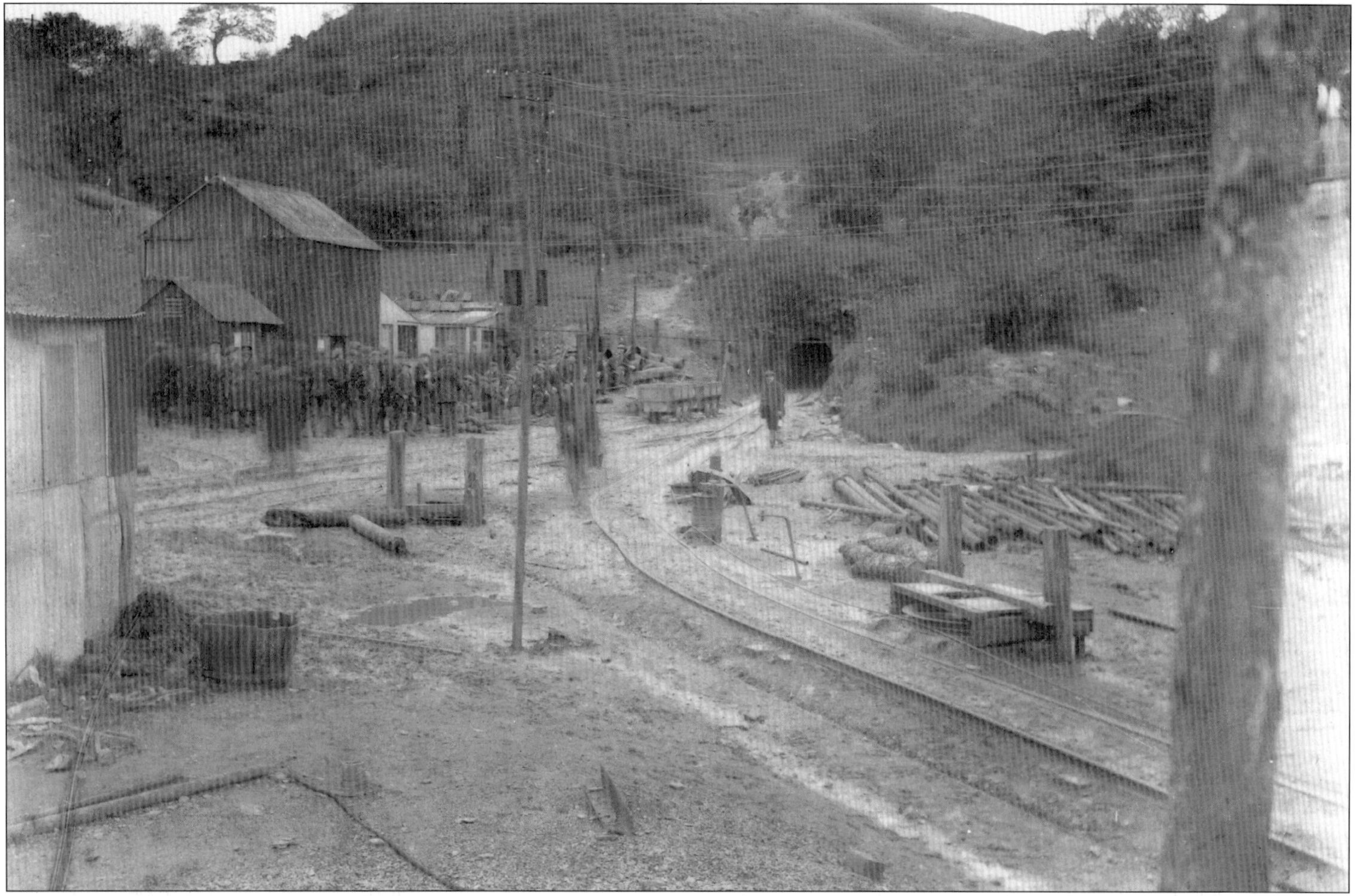

Mynedfa i ddrifft Glofa Pantycelyn. Roedd hon yn un o nifer o ddrifftiau yn yr ardal. Agorwyd Pantycelyn yn 1888 gan John Thomas a chyflogid 30 o ddynion i weithio'r wythïen—y *Big Vein*. Caewyd y gwaith yn 1932.

The entrance to Pantycelyn Colliery drift. One of several drifts in this area, Pantycelyn was first opened in 1888 by John Thomas, and 30 employees worked the Big Vein seam. The mine was abandoned in 1932.

Yn 1935 rhoes Pwyllgor Nawdd y Diwaith ym Mrynaman gychwyn ar Waith Glo'r Castell. Diben y cynllun oedd cyflenwi glo i'r aelodau. Roedd yn rhaid i bawb oedd yn cymryd rhan yn y cyllun fod yn benteulu; ni chaniateid i ddyn di-briod fod yn rhan o'r cynllun onid oedd yn cynrychioli ei dad neu ei fam weddw. Derbyniai'r aelodau ar gyfartaledd 2 gant o lo bob wythnos o'r cyfanswm o 48 tunnell y cytunwyd arno. Arferid dosbarthu'r sachau glo yn wythnosol, ac ar docyn pren ynghlwm wrth bob sach nodwyd enw a chyfeiriad yr aelod. Arferai'r dynion ddefnyddio eu hoffer eu hunain gan weithio shifftiau bore a phrynhawn, ond roedd disgwyl i bob aelod weithio un wythnos o bob tair yn wirfoddol. Roedd yn rhaid wrth ddyfeisgarwch a darperid peth o'r offer gan bobl leol a gefnogai'r fenter. Lampau carbeid a ddefnyddid dan ddaear, rhai ohonynt wedi eu gwneud gartref o hen duniau Brasso. Er yn amrywio yn ôl cyfanswm y diwaith ar unrhyw adeg, cymerai oddeutu 250 o aelodau ran yn y fenter.

In 1935 the Brynamman Unemployed Welfare Committee established Castell Colliery. The purpose of the scheme was to supply house coal to the members. Each participant had to be the head of a family; single men were excluded unless they represented their fathers or a widowed mother. Members received an average of 2 cwt. a week from a total agreed output of 48 tons. The coal bags, delivered weekly, were marked with a wooden label upon which was printed the name and address of the member. Using their own tools and equipment, the men worked morning or afternoon shifts on a rota, but each member was expected to work one week in three on a voluntary basis. Improvisation was a must, with some equipment being supplied by local sympathisers. The method of lighting was by carbide lamps and these were sometimes home-made from old Brasso tins. Subject to the prevailing unemployment, the average number of members participating in the scheme was 250.

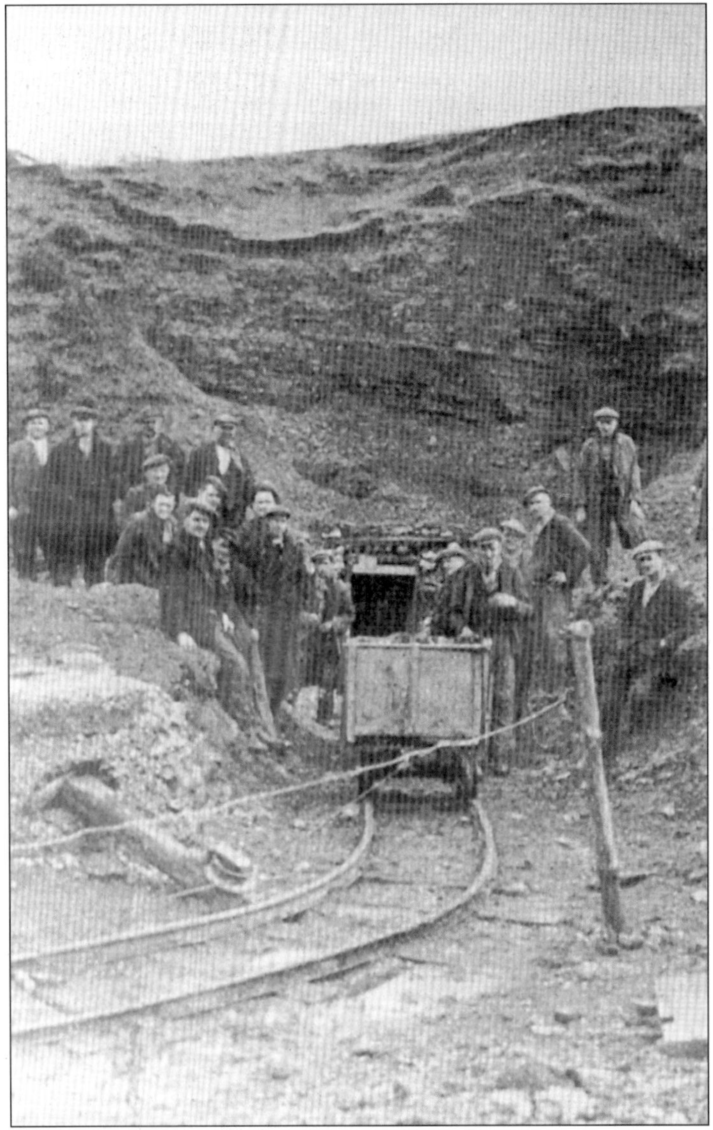

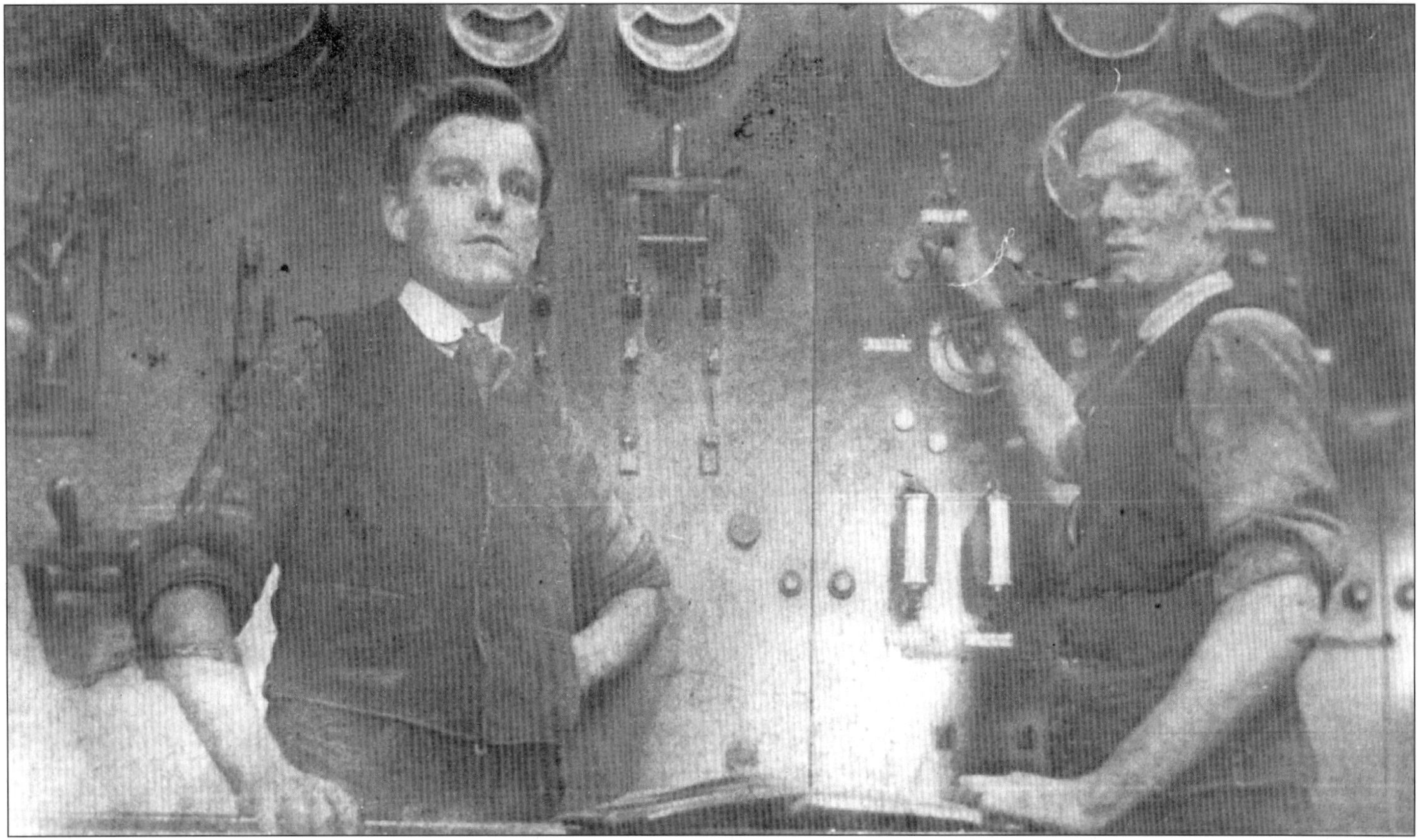

Tynnwyd y llun hwn y tu mewn i ystafell reoli Gorsaf Bŵer Brynaman yn 1912. Safai'r orsaf y tu ôl i'r Neuadd Gyhoeddus ac roedd yn cynhyrchu trydan cerrynt di-dor gyda chymorth injans tyrbin nwy. John Lewis yw'r prentis ar y dde.

The photograph was taken inside the control room of Brynamman Power Station in 1912. The station was situated behind the Public Hall and supplied direct-current electricity generated by gas turbine engines. John Lewis is the apprentice on the right.

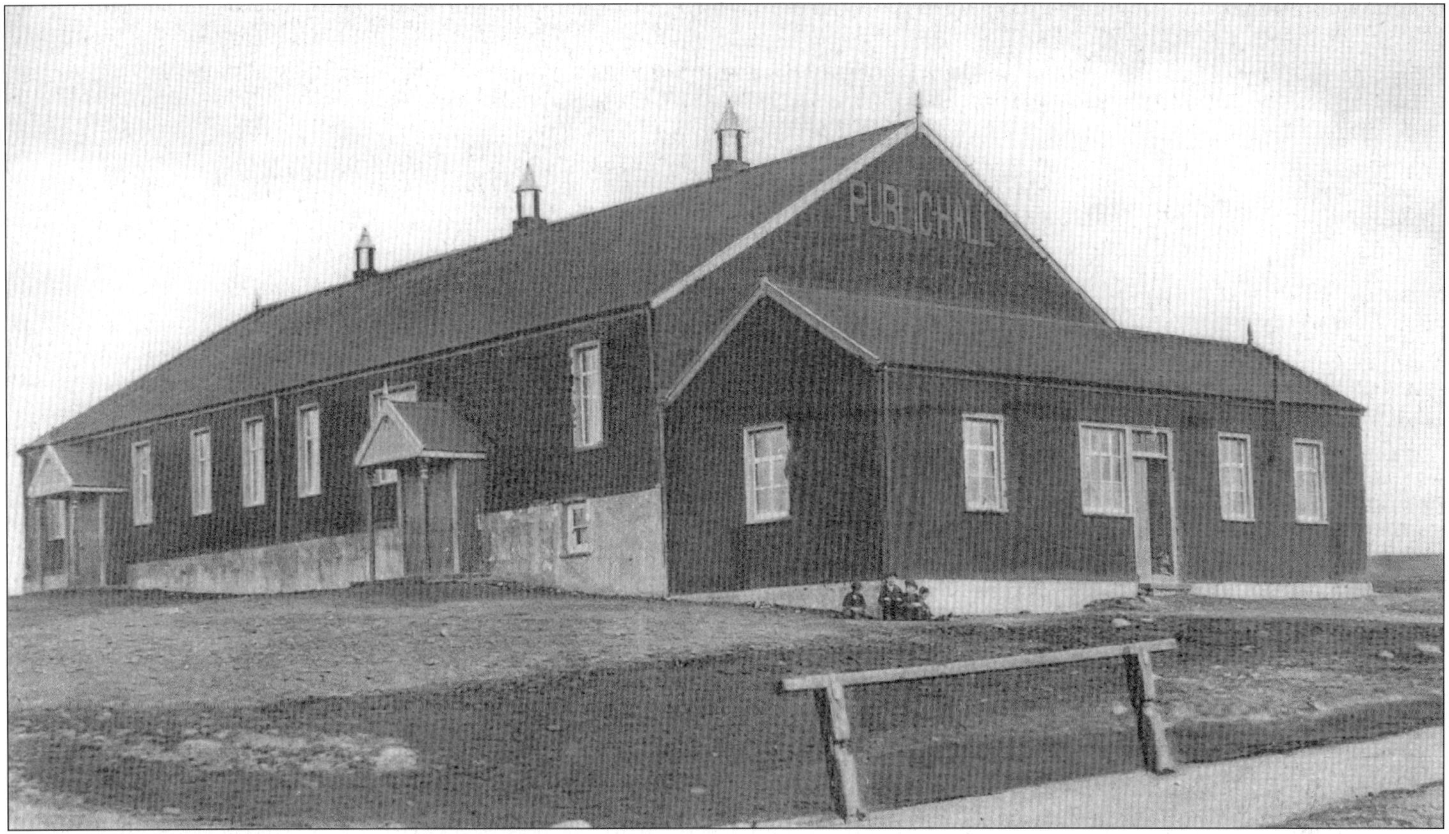

Hen Neuadd Gyhoeddus Gwauncaegurwen a losgwyd yn ulw ar 1 Ebrill 1928.

The old Public Hall, Gwauncaegurwen, which burnt down on 1 April 1928.

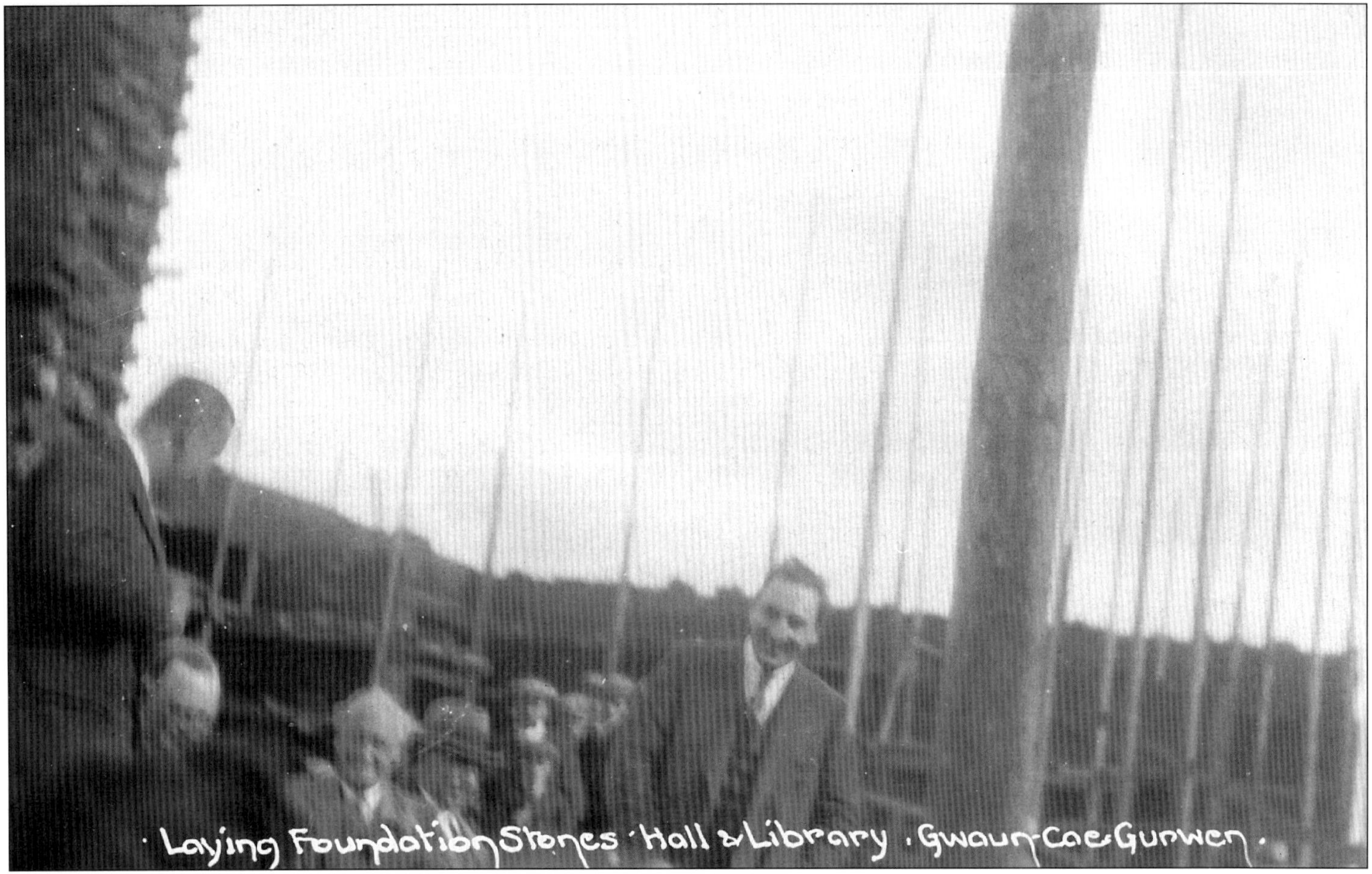

Gosod cerrig sylfaen neuadd a llyfrgell newydd Gwauncaegurwen ar ddydd Sadwrn, 25 Gorffennaf 1931. Agorwyd y neuadd—a gostiodd £14,888-9s-5d—yn swyddogol ar 1 Hydref 1932.

Laying the foundation stones of the new Gwauncaegurwen hall and library on Saturday, 25 July 1931. The hall, which cost £14,888-9s-5d, was officially opened on 1 October 1932.

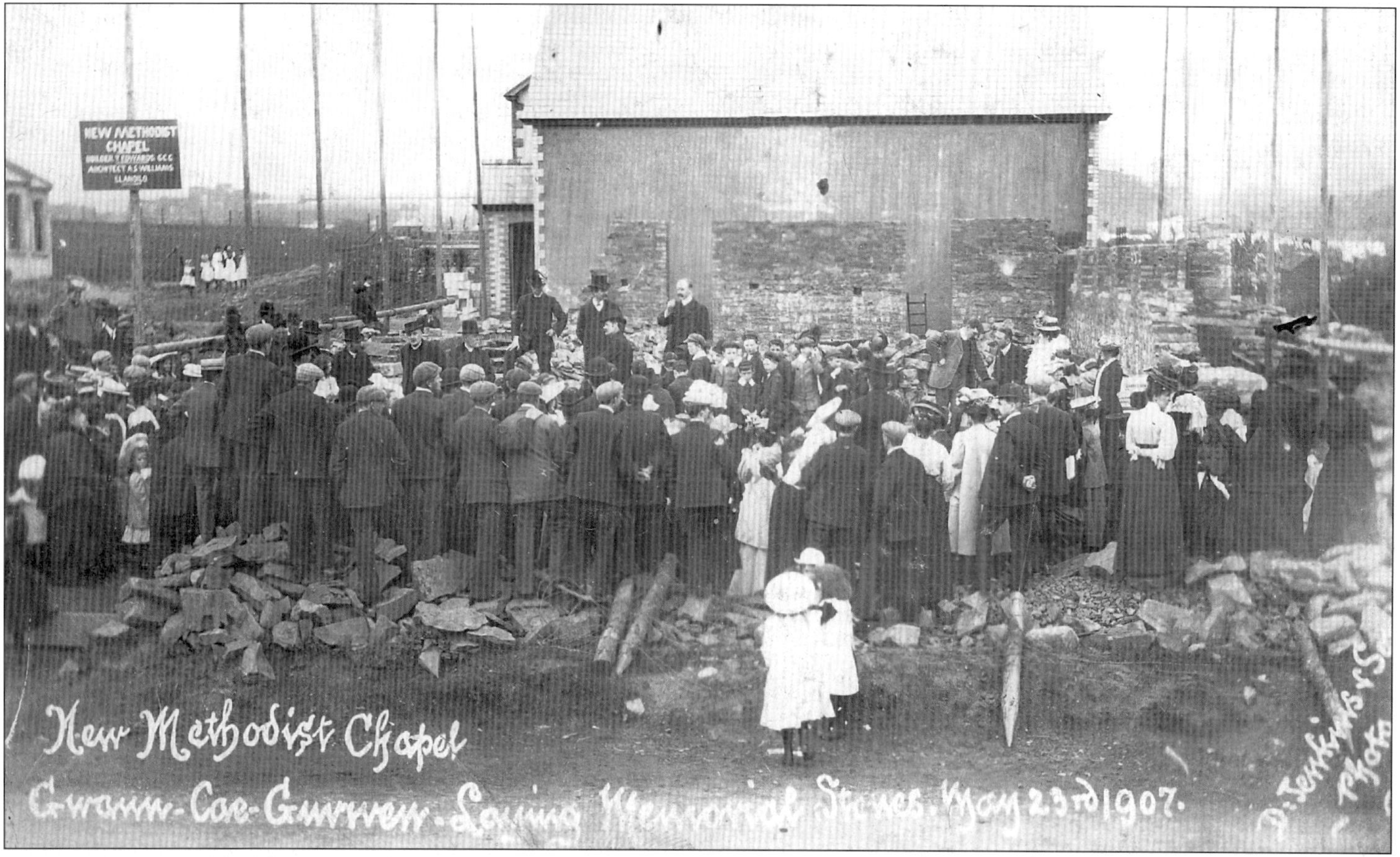

Gosod cerrig coffa capel Moreia yn 1907.

Laying the memorial stones of Moriah chapel in 1907.

Pwy yw'r rhain, tybed, ac a dderbyniodd unrhyw un y cynnig? (Mae'r neges ar y cefn yn darllen 'I Ewyrth Dick'.)

Who are these, and did anybody take up the offer? (The message on the back reads 'For Uncle Dick'.)

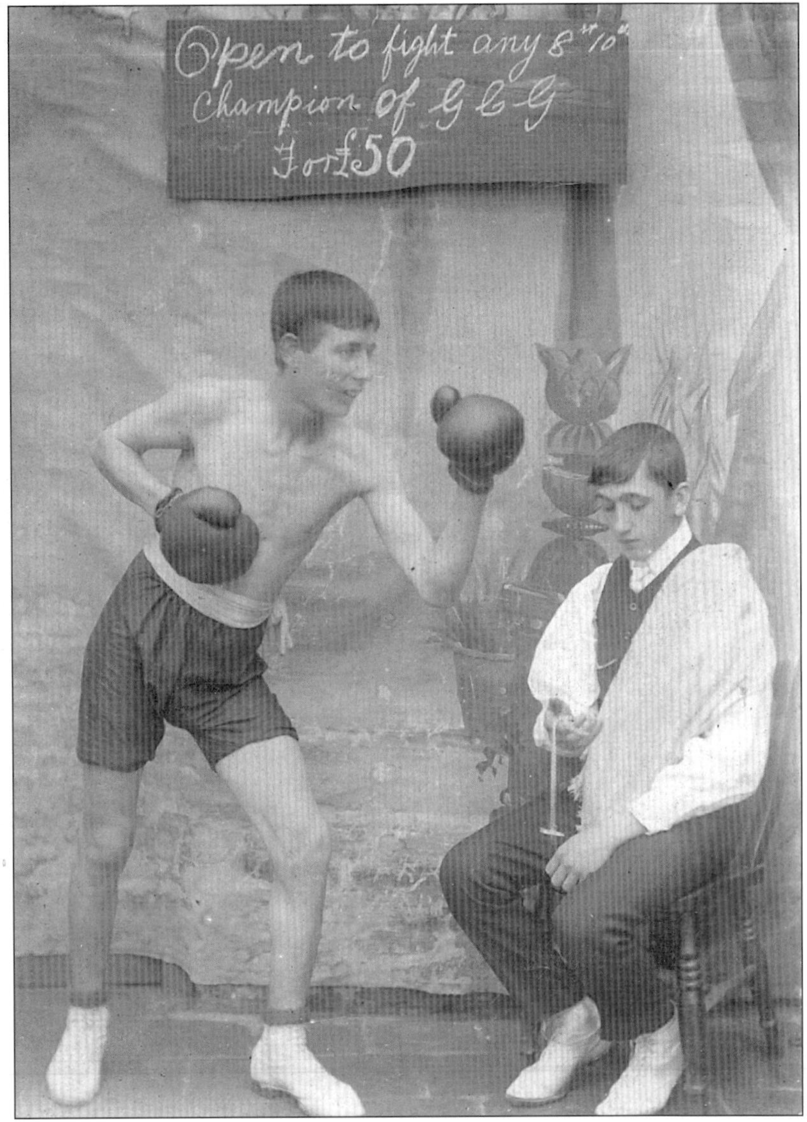

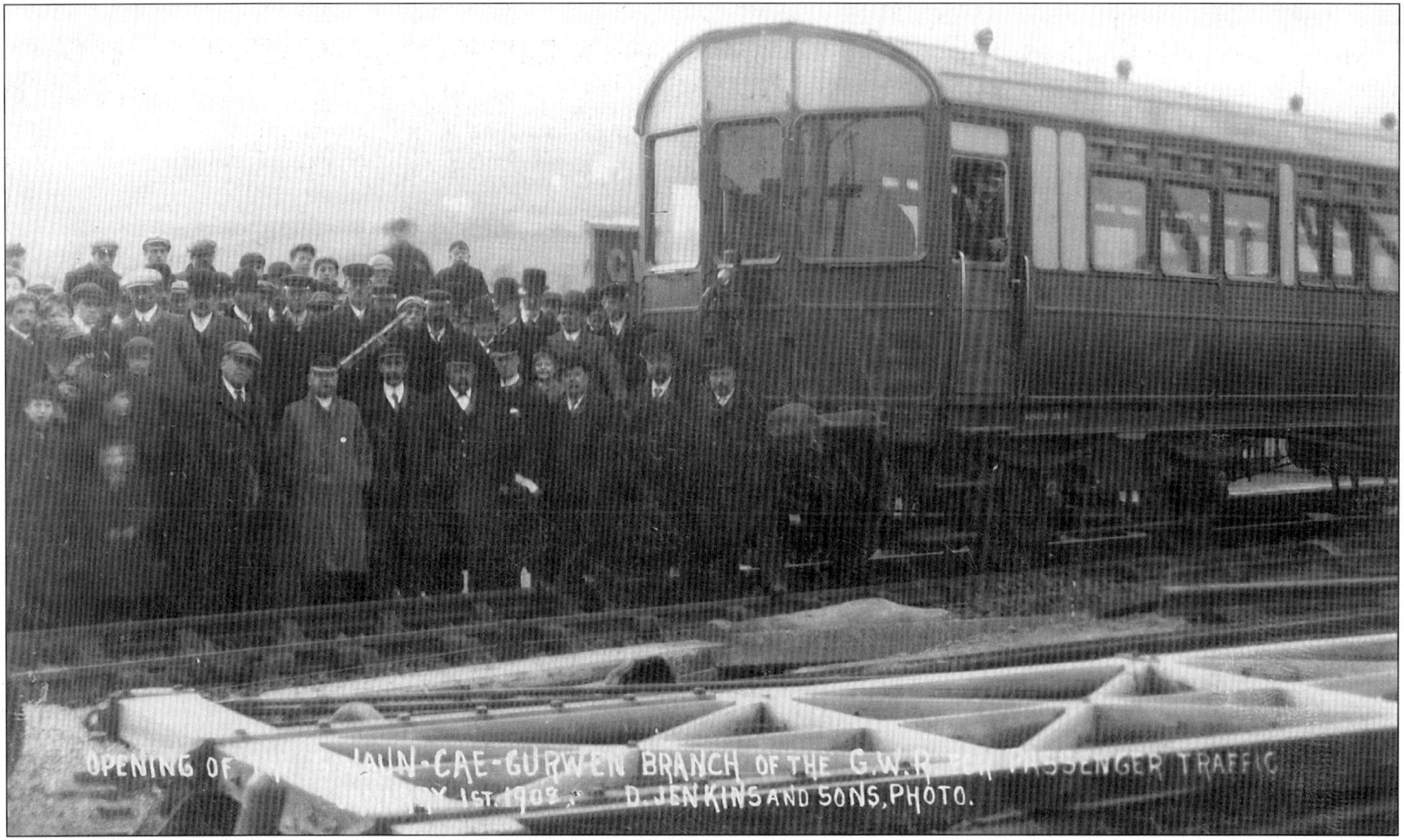

Agor gwasanaeth cludo teithwyr y GWR i Wauncaegurwen ar 1 Ionawr 1908.

Opening of the GWR passenger service to Gwauncaegurwen on 1 January 1908.

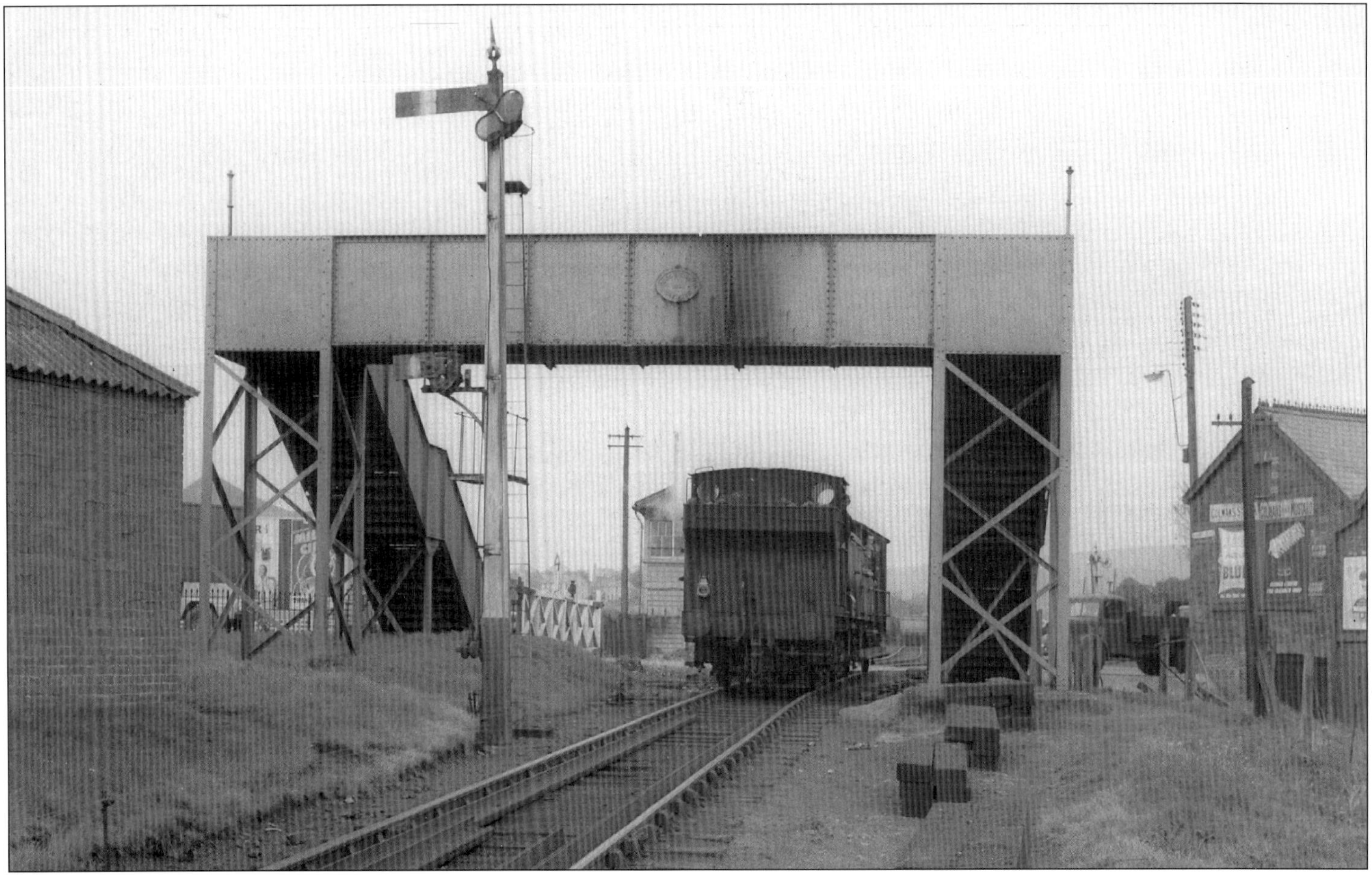

Pont droed ar groesfan Gwauncaegurwen. Fe'i tynnwyd i lawr yn 1969.

The pedestrian bridge at Gwauncaegurwen level crossing. It was dismantled in February 1969.

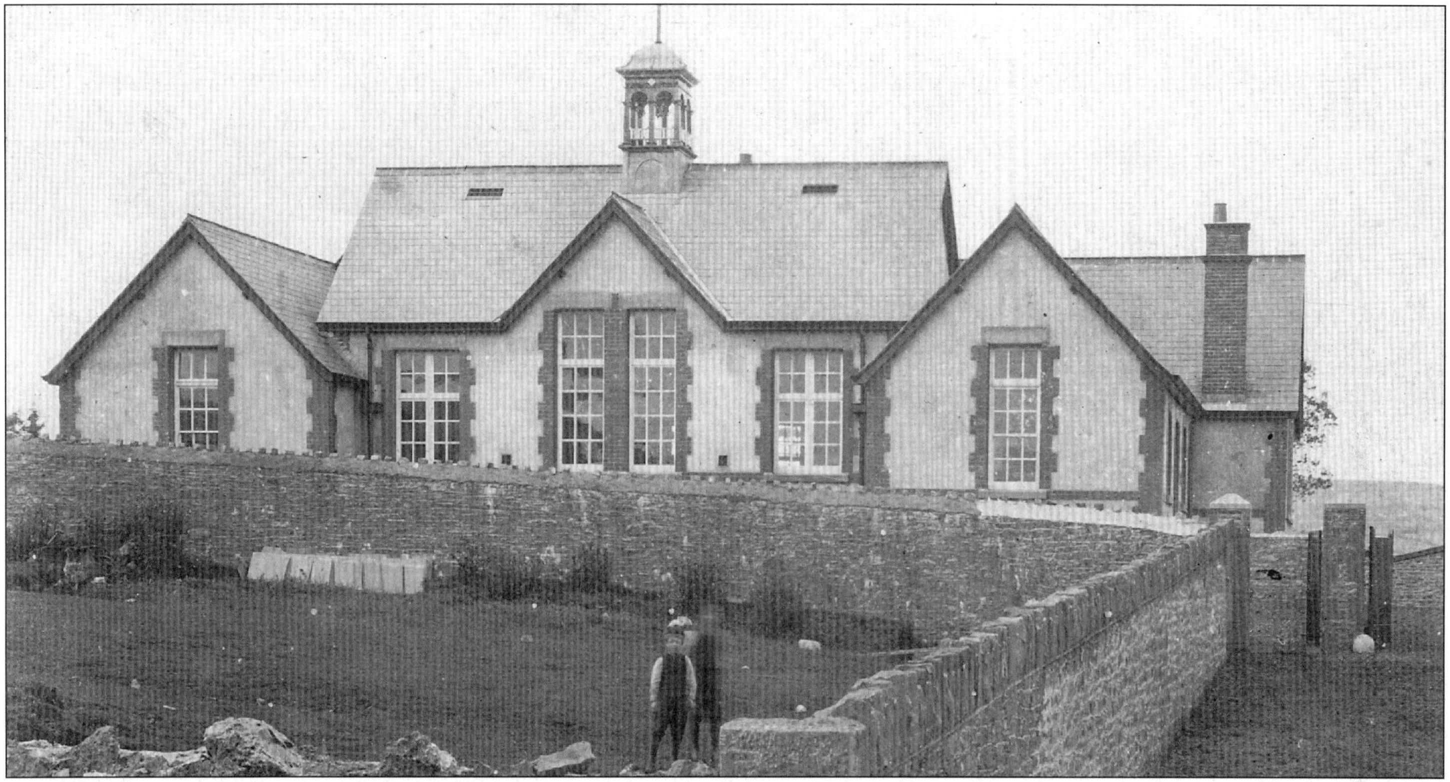
Postiwyd y cerdyn hwn o Ysgol y Cyngor, Tai'r-gwaith yn 1914.

A postcard of Tai'r-gwaith Council School, posted in 1914.

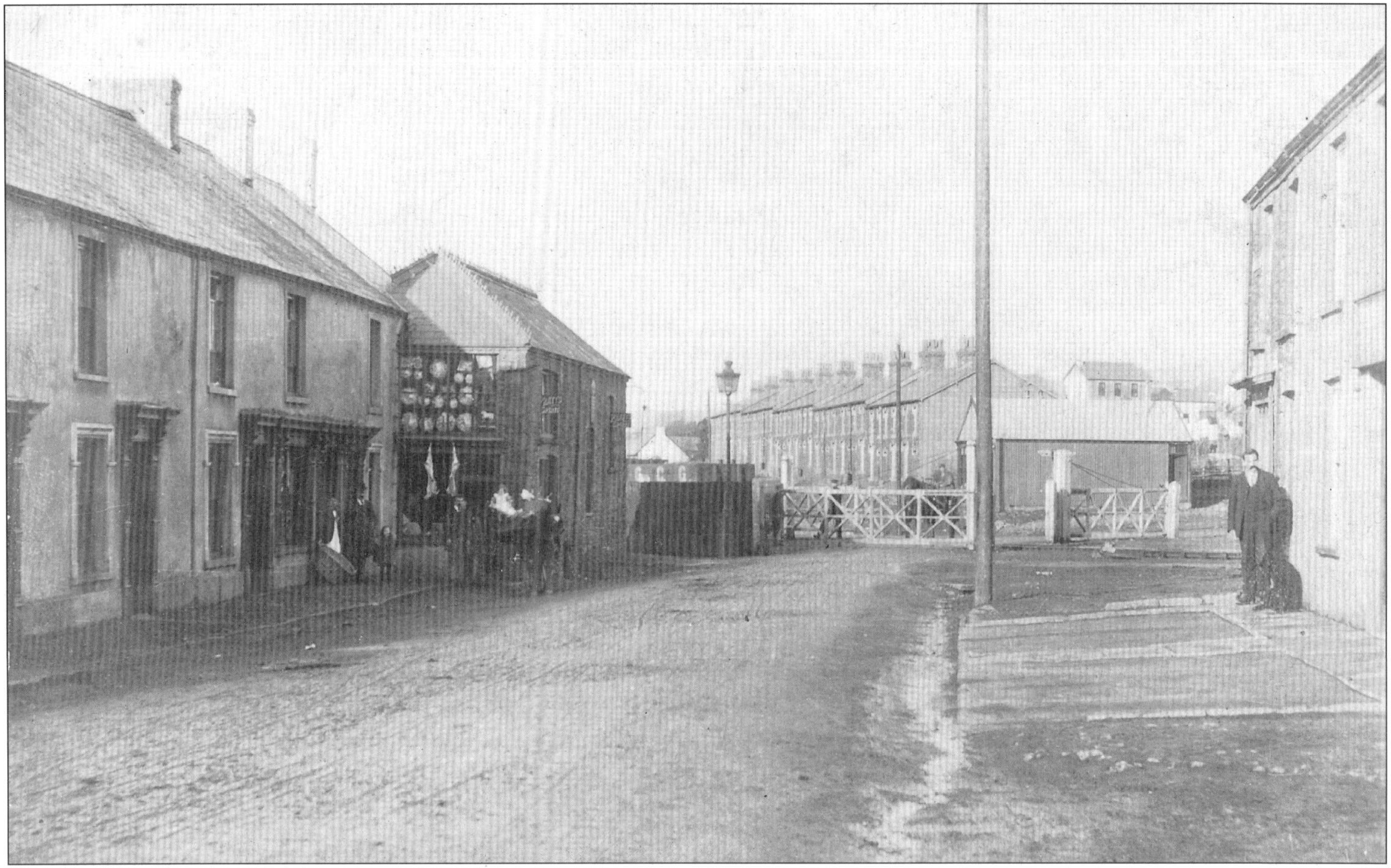

Tynnwyd y llun hwn o groesfan Gwauncaegurwen gan D. Jenkins a'i Feibion yn 1907.

Gwauncaegurwen level crossing taken by D. Jenkins & Sons in 1907.

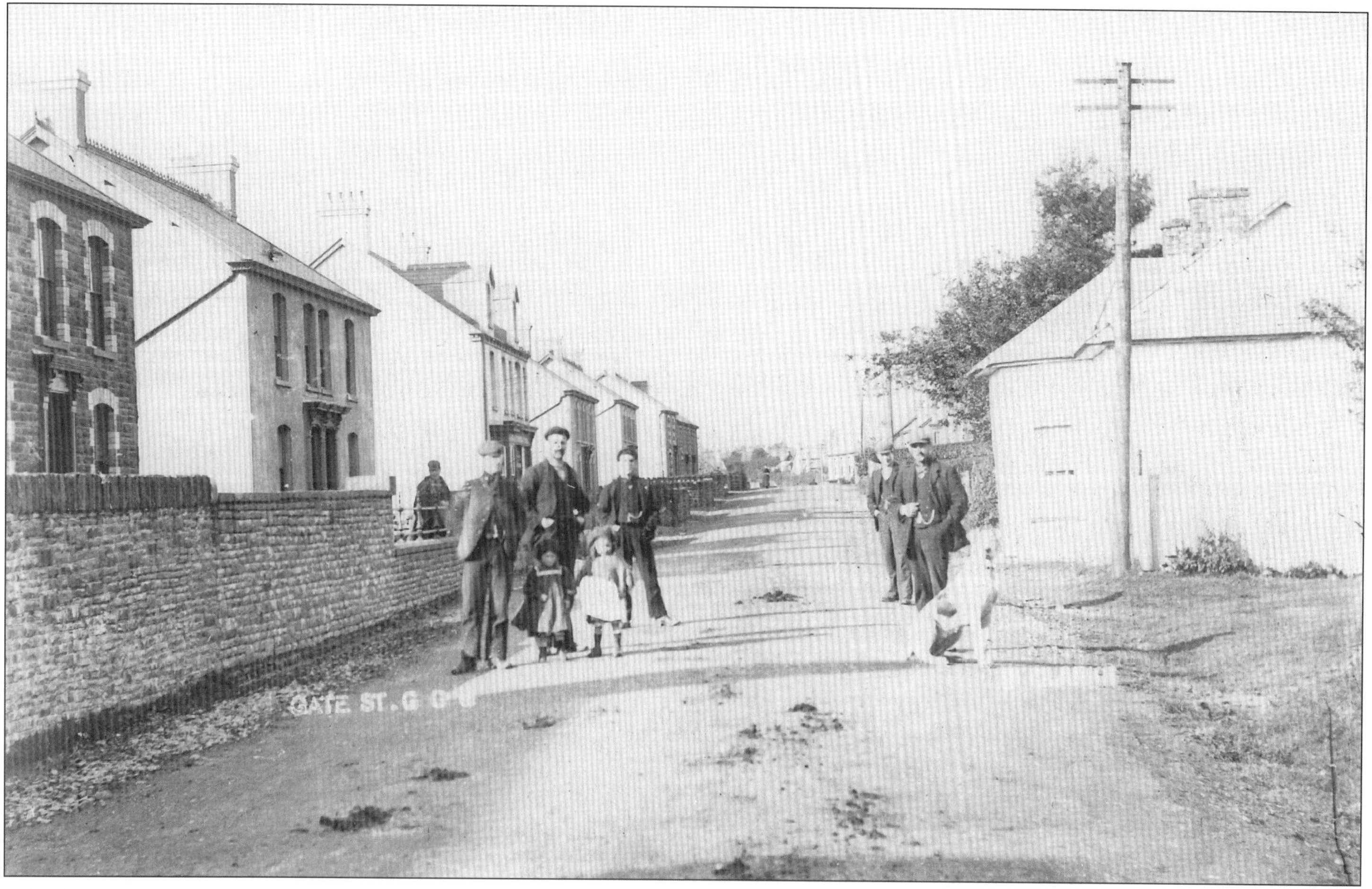

Y brif stryd yng Ngwauncaegurwen, a elwir yn Stryd y Gat ar y cerdyn post. Ar y dde mae'r Hen Dolldy. Dyma oedd cartref mam-gu a thad-cu Bob y Gât, sy'n byw yn Nhir-y-coed, Glanaman.

The Main Road, Gwauncaegurwen, referred to as Gate Street on the postcard. On the right is the old Toll-gate House, formerly the home of the grandparents of Bob y Gât, a resident of Tir-y-coed, Glanamman.

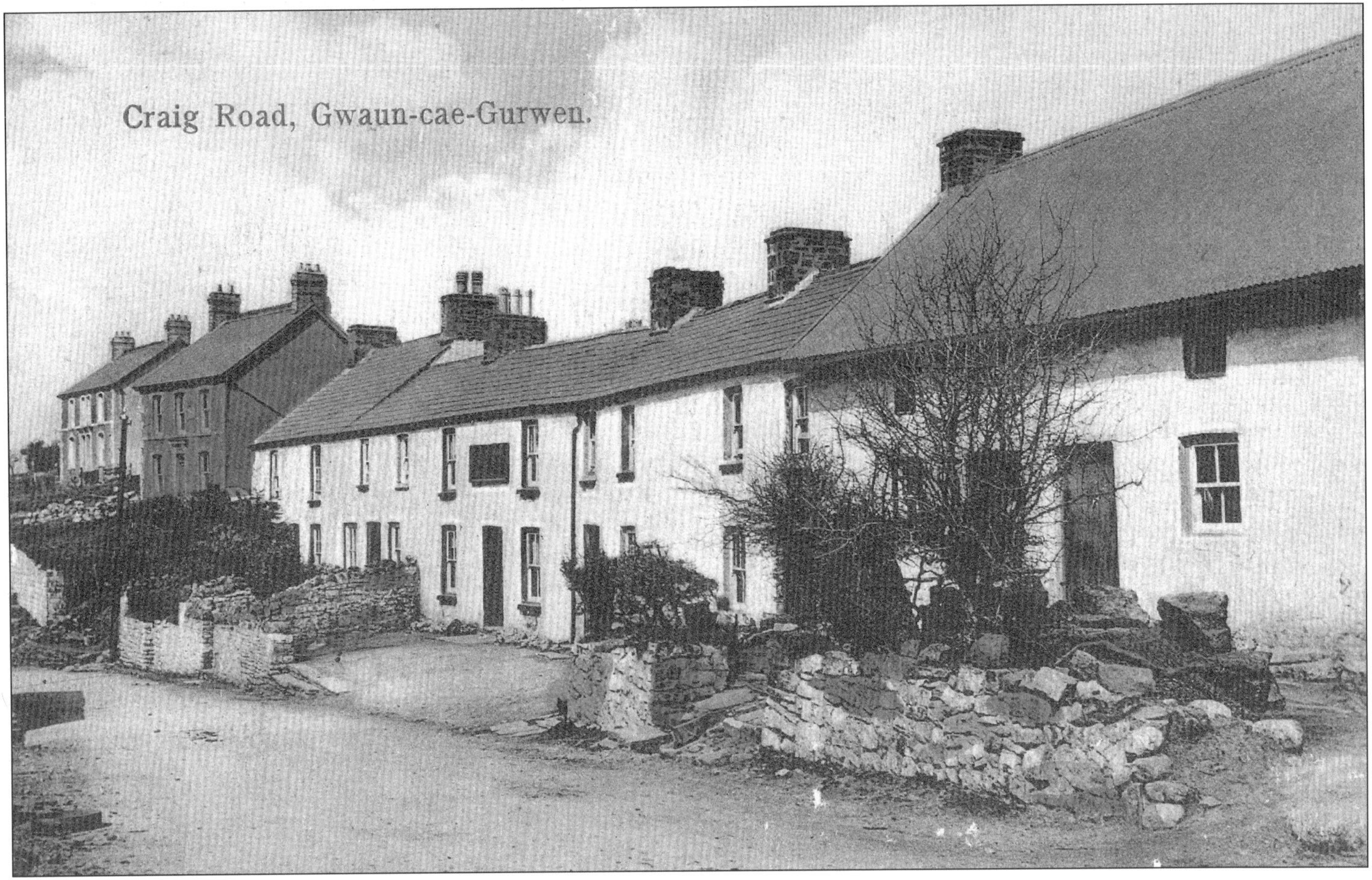

Rhan o Heol y Graig a Thafarn y Mownt yn 1911.

A part of Graig Road and the Mount Inn in 1911.

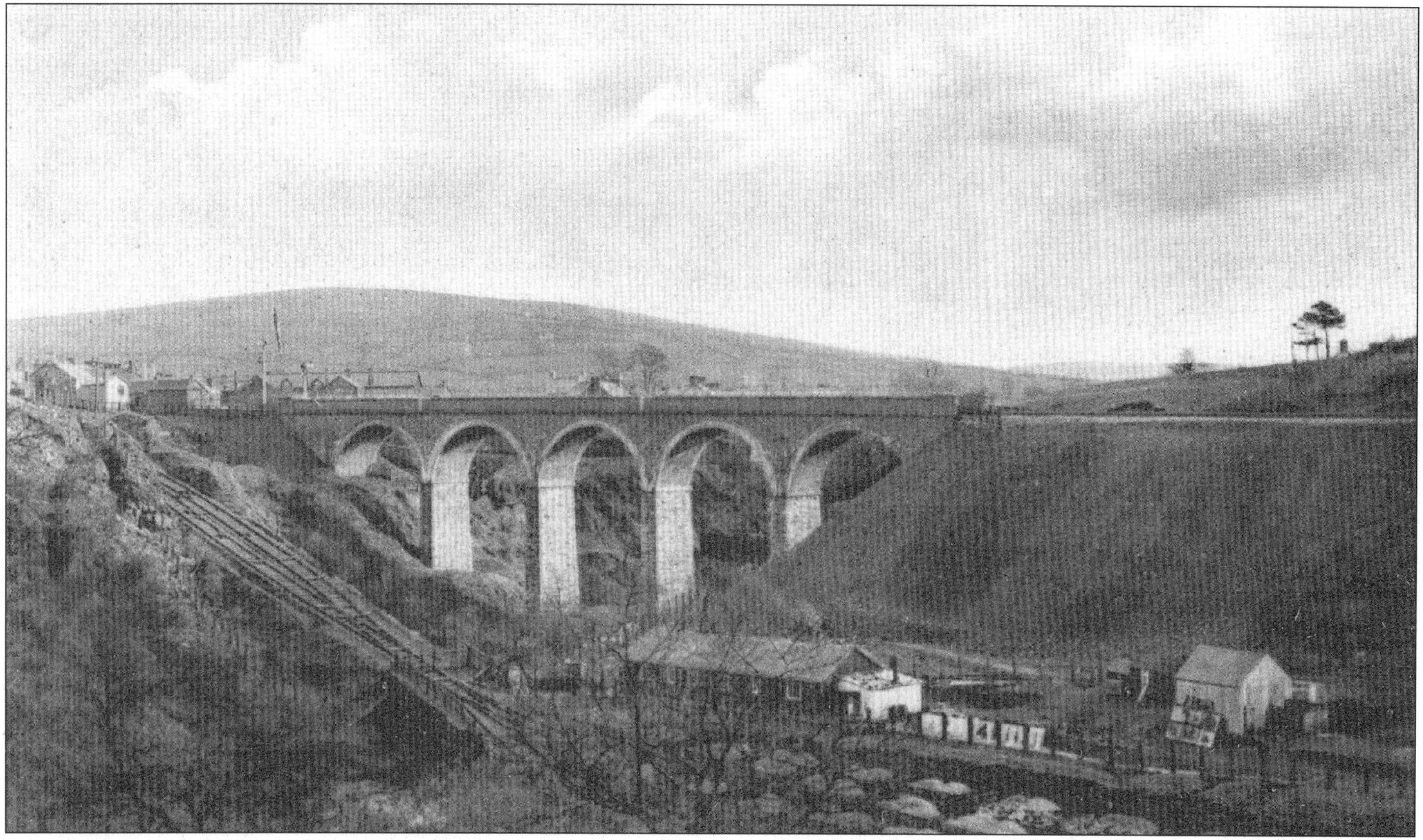

Inclein Gwauncaegurwen. Agorwyd y rheilffordd o'r Garnant i Wauncaegurwen, sy'n arwain at droed yr inclein, ar gyfer cludo glo yn 1911. Roedd pwysau'r tryciau ar eu ffordd i lawr yn tynnu'r rhai gwag i fyny gyda chymorth pwli a rhaff. Ar ôl codi traphont a thrac newydd daeth oes yr inclein i ben.

The incline, Gwauncaegurwen. The branch line from Garnant to Gwauncaegurwen, which led to the incline, opened to coal traffic in 1911. The weight of loaded trucks running down the incline was used to haul empty trucks up the slope using a rope and pulley system. The incline ceased to be used after the construction of the new viaduct and track.

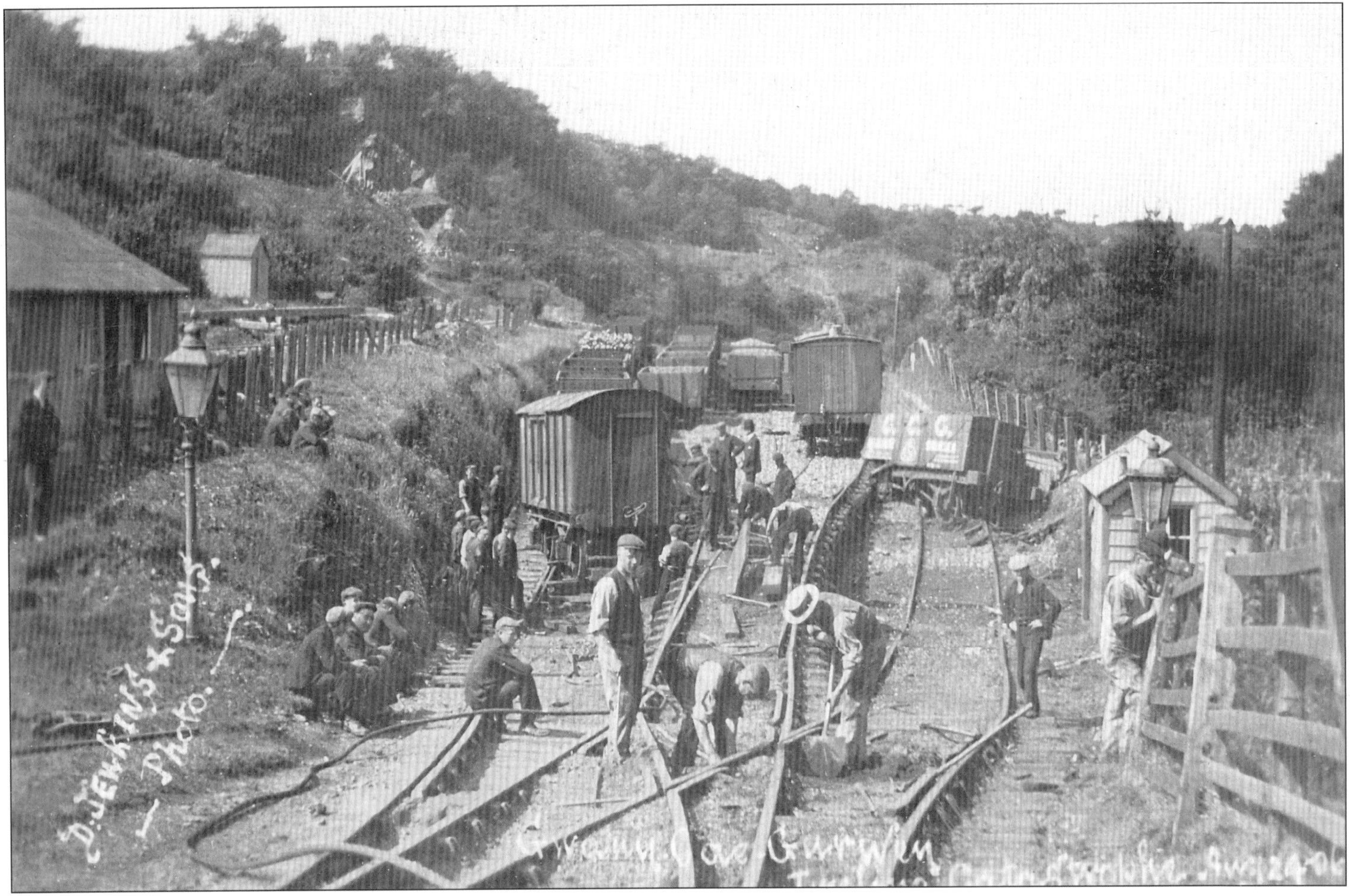

Inclein Gwauncaegurwen. Oherwydd y peryglon a oedd ynghlwm wrth system a ddibynai ar raffau, roedd damweiniau'n anochel. Digwyddodd y ddamwain arbennig hon ar 24 Awst 1906.

The Gwauncaegurwen incline. Because of the inherent dangers of using a rope-based system, breakages were inevitable. This particular 'catastrophe' occurred on 24 August 1906.

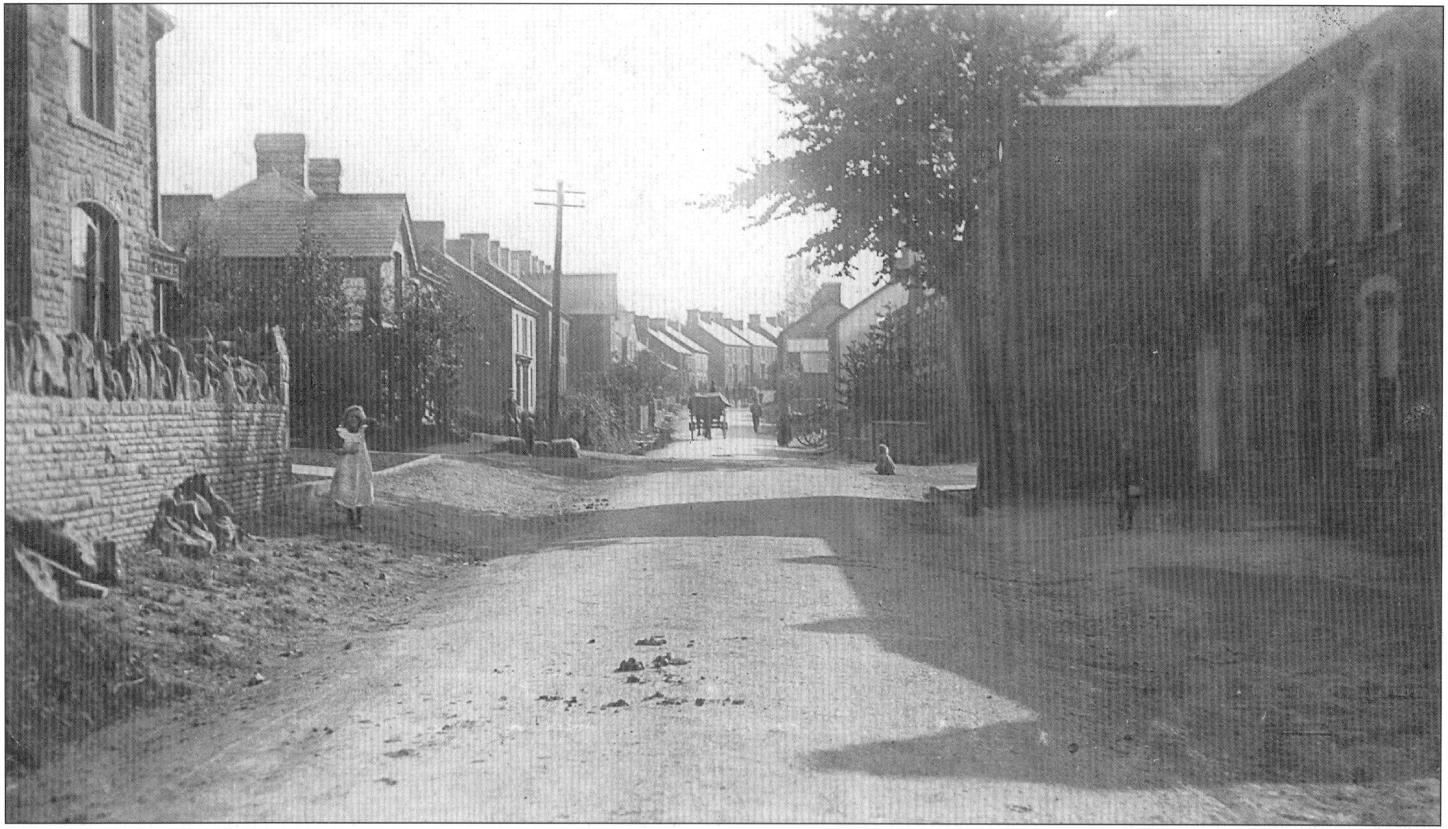

Heol Fawr, Cwm-gors yn 1910.

Main Road, Cwmgorse in 1910.

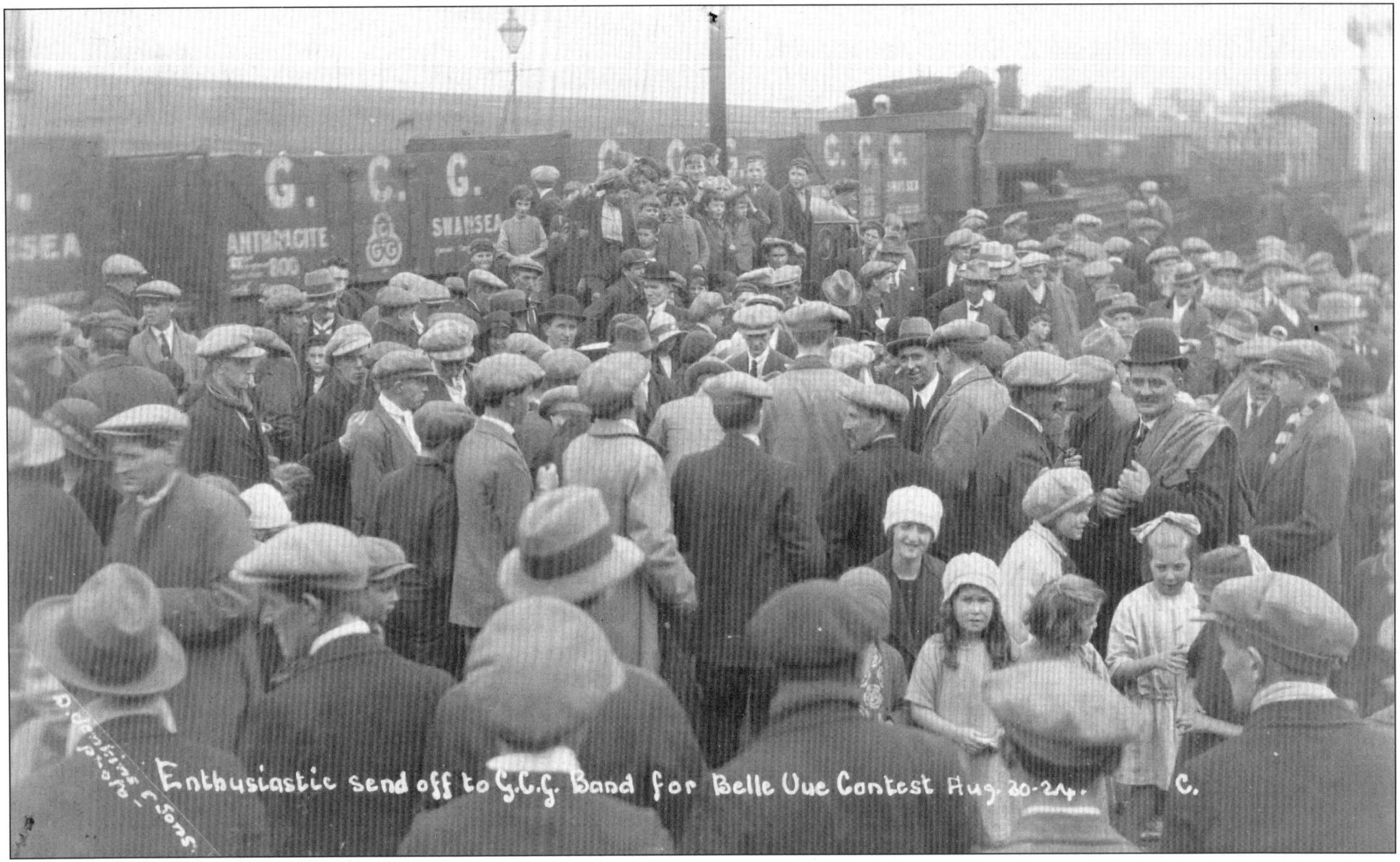

Dymuno'n dda i Fand Gwauncaegurwen oedd ar ei ffordd i gystadlu yn Belle Vue ar 20 Awst 1924.

An enthusiastic send off for the Gwauncaegurwen Band bound for Belle View on 20 August 1924.

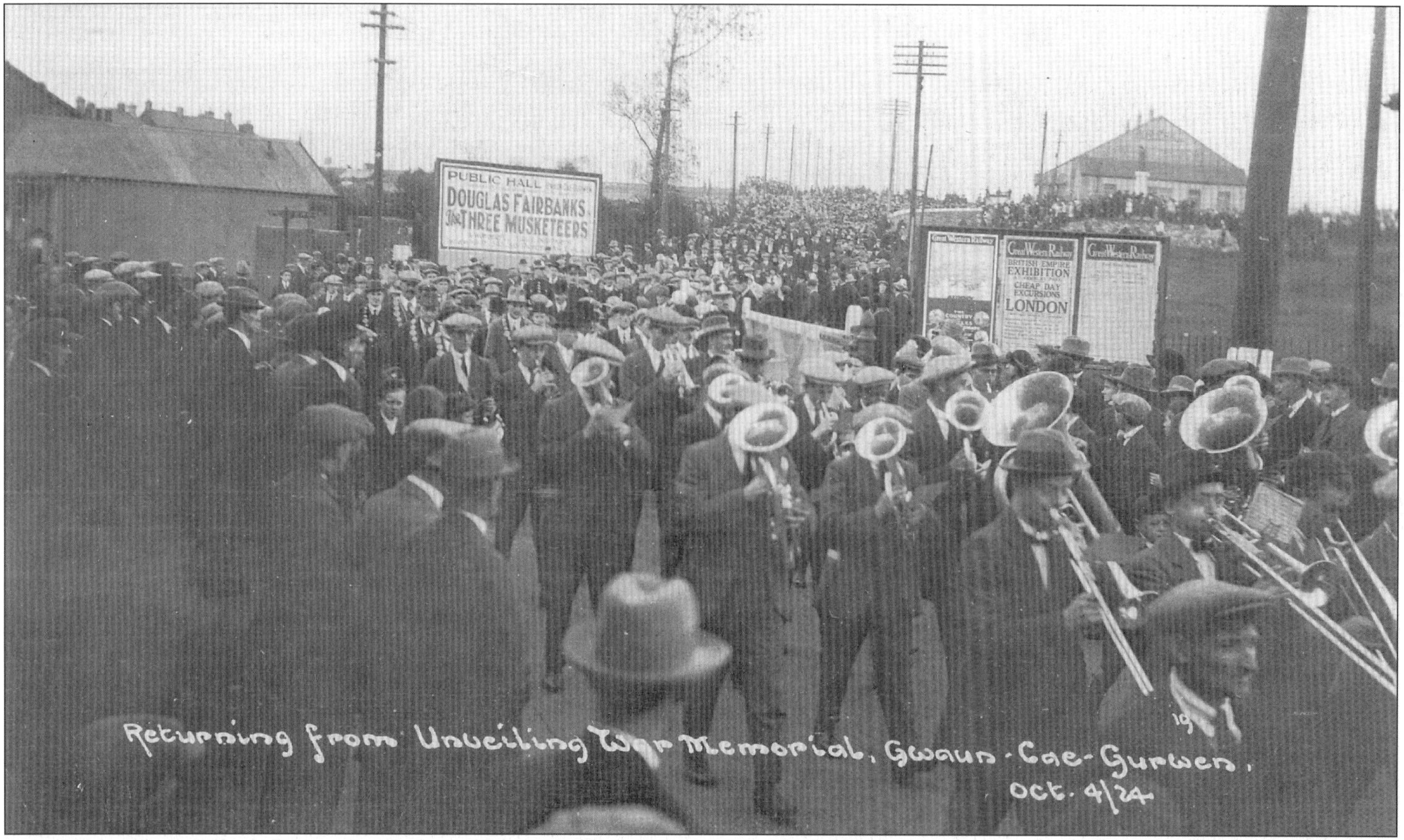

Band Gwauncaegurwen ar flaen yr orymdaith ar ôl seremoni ddadorchuddio Cofeb Ryfel Gwauncaegurwen ar 4 Hydref 1924.

The Gwauncaegurwen Band leading the procession following the unveiling of the Gwauncaegurwen War Memorial on 4 October 1924.

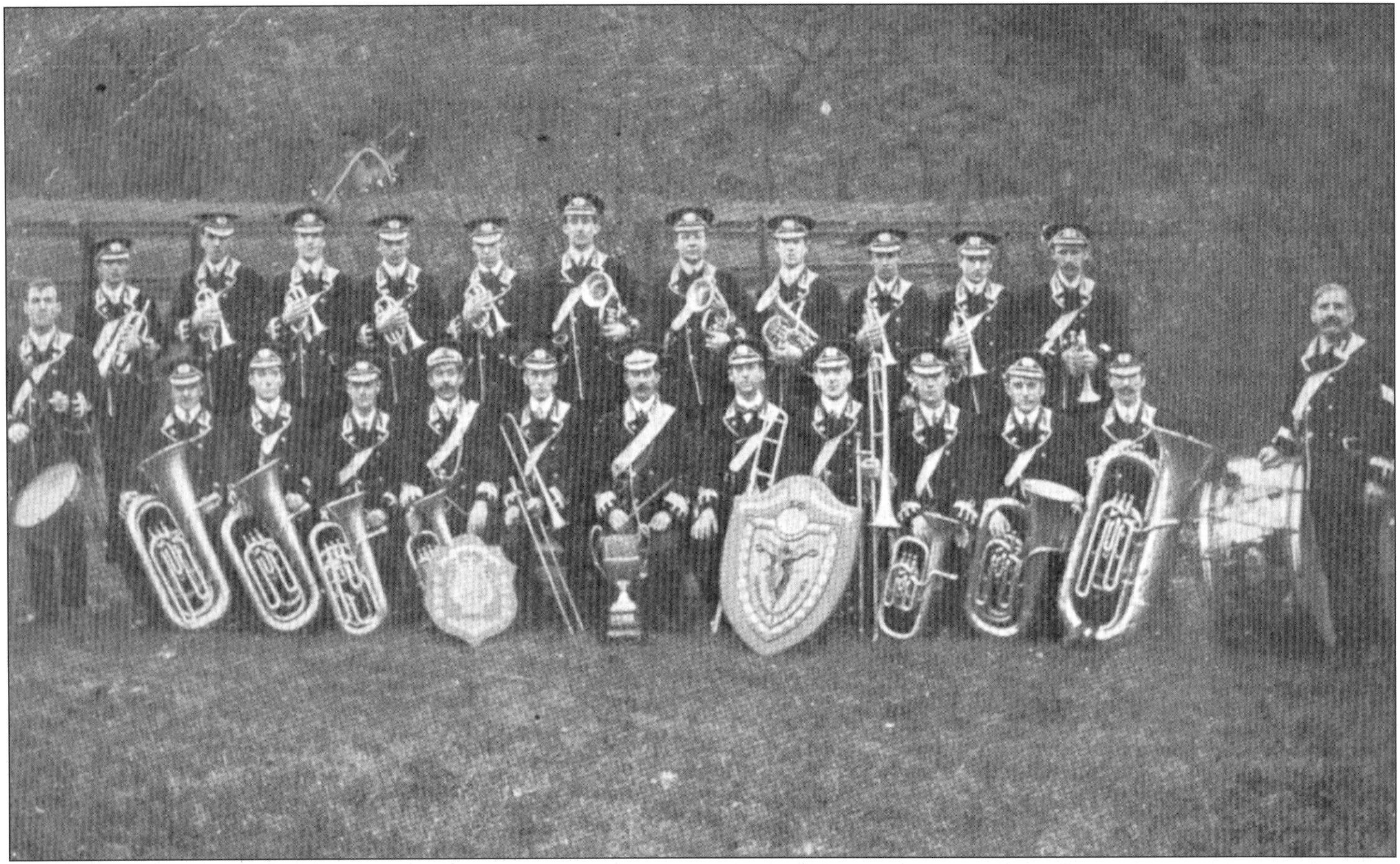

Cerdyn hysbysebu Boosey & Co. ac arno lun o aelodau Band Arian Arobryn Gwauncaegurwen yn eu lifrai.

A Boosey & Co. advertising card depicting members of the Gwauncaegurwen Silver Prize Band in their uniforms.

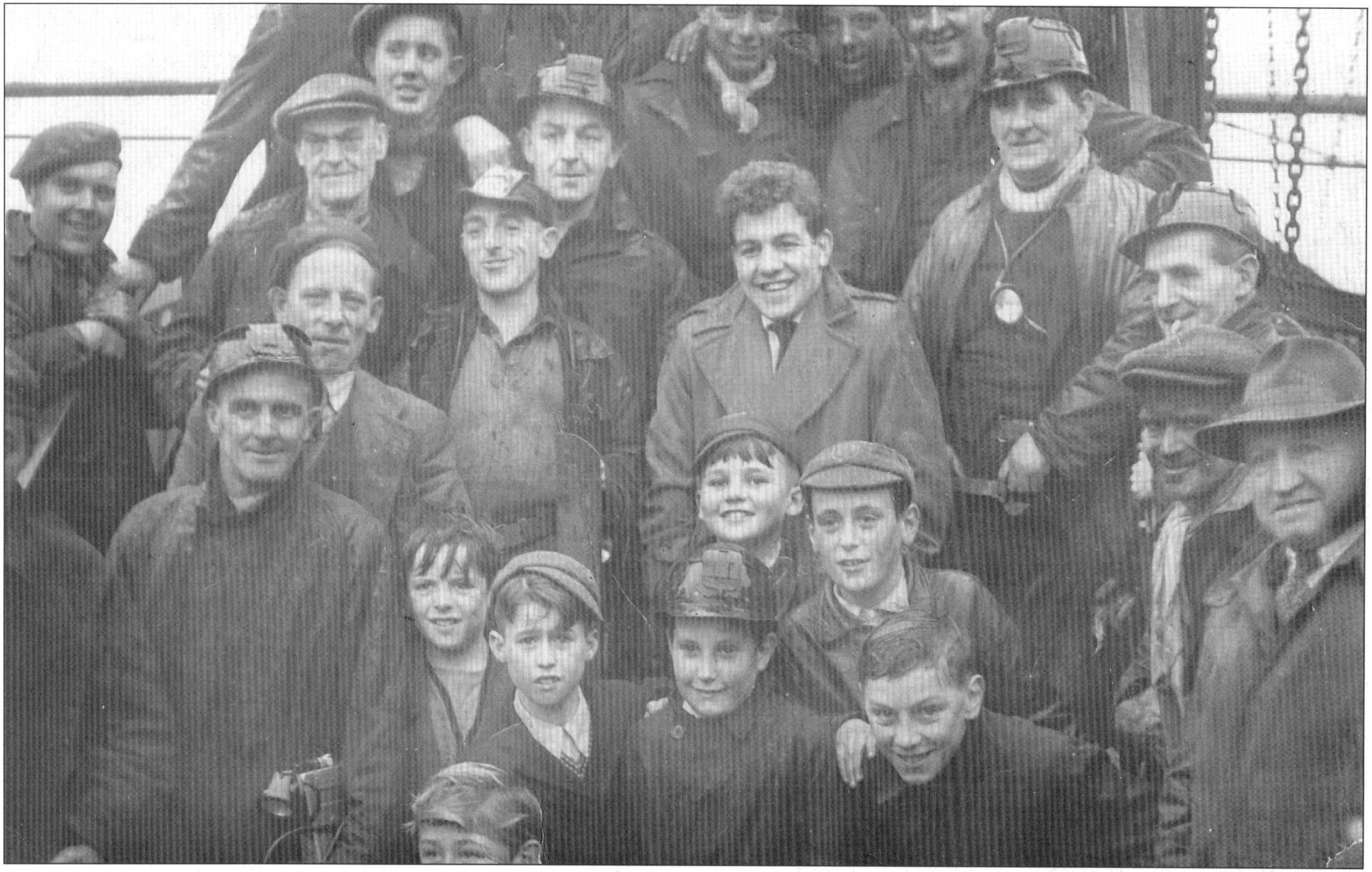

Pwll y Steer, Tachwedd 1954: Dai Dower (canol) ar achlysur cyflwyno siec Pyllau Vernons i Gilmore Lewis, cynrychiolydd ei gyd-enillwyr o westy'r Crown, Brynaman.

Steer Pit, November 1954: Dai Dower (centre) after presenting a Vernons Pools cheque to Gilmore Lewis, representing the syndicate of the Crown Hotel, Brynamman.

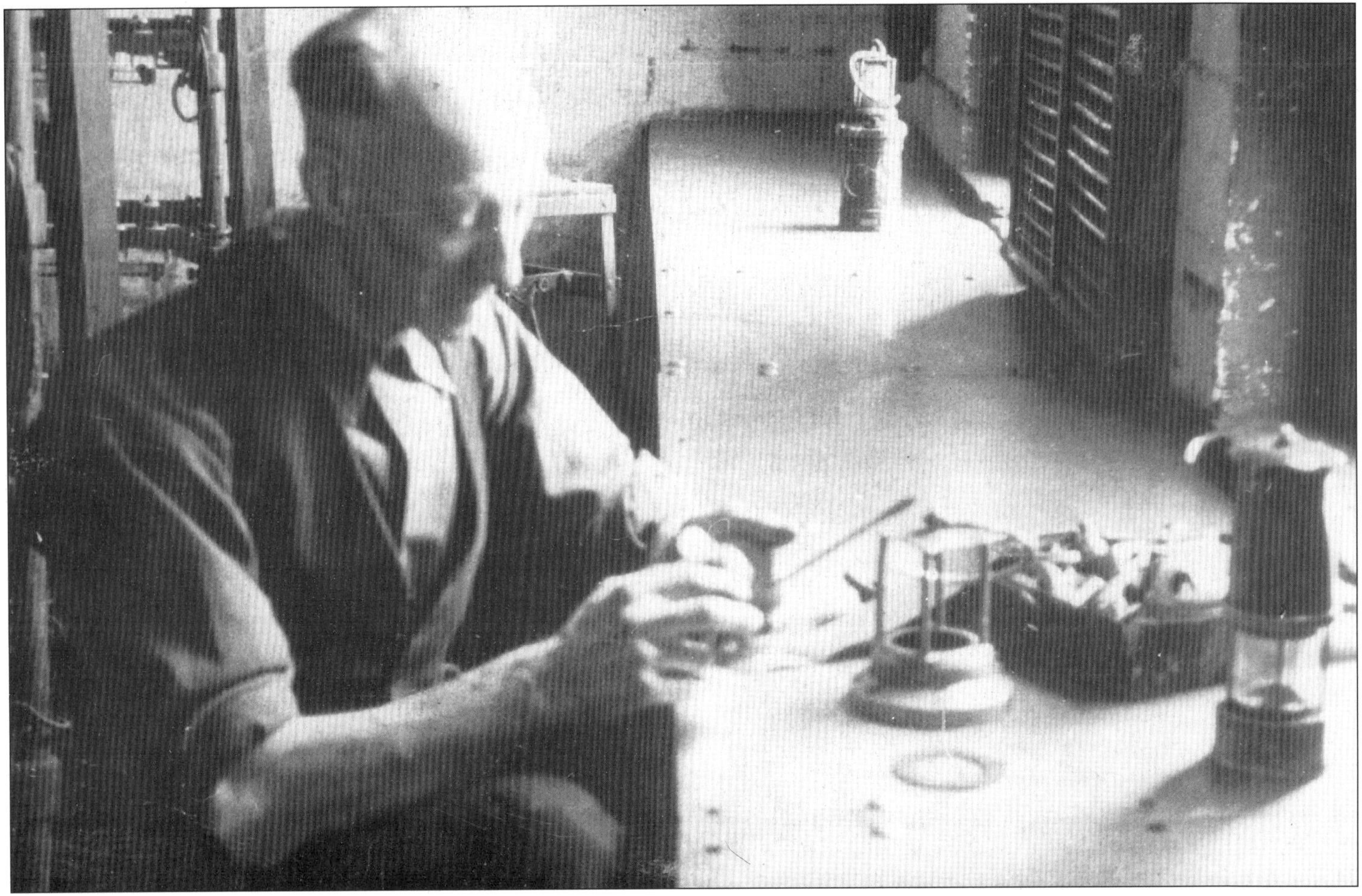

D.R. Jones, Brynaman, tad-cu gwraig yr awdur, yn glanhau lampau'r glowyr yn stafell lampau hen Bwll y Maerdy.

D.R. Jones, grandfather of the author's wife, cleaning miners lamps int the old Maerdy Pit lamproom.

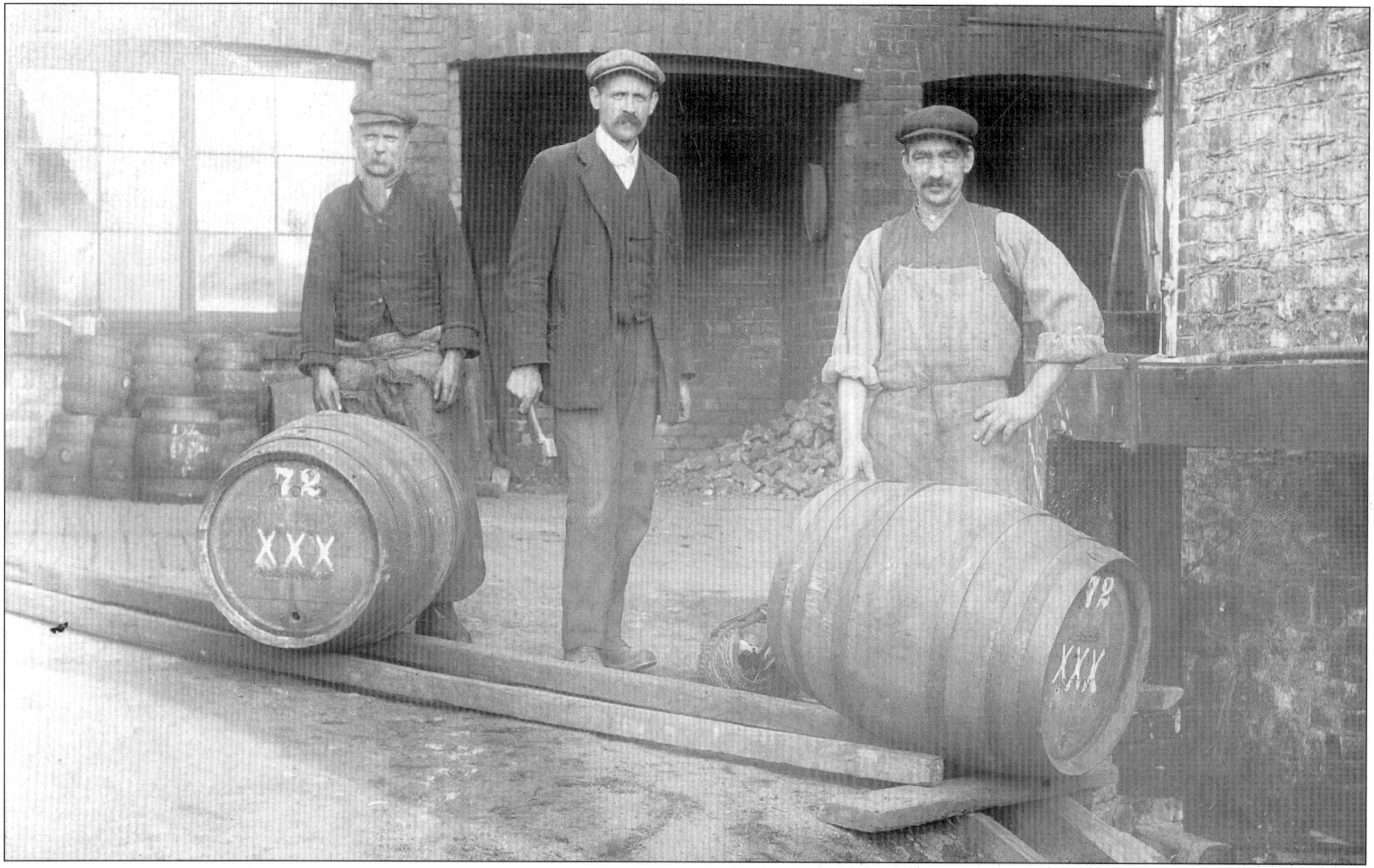

Llun prin o Joseph Rees, Bragwyr o Dafarn Aber-nant, Cwm-gors. Ai'r Cymry a ddarganfu cwrw XXX?

A rare photograph of Joseph Rees, Brewers of Abernant Inn, Cwmgorse. Is this proof that the Welsh discovered XXX beer?

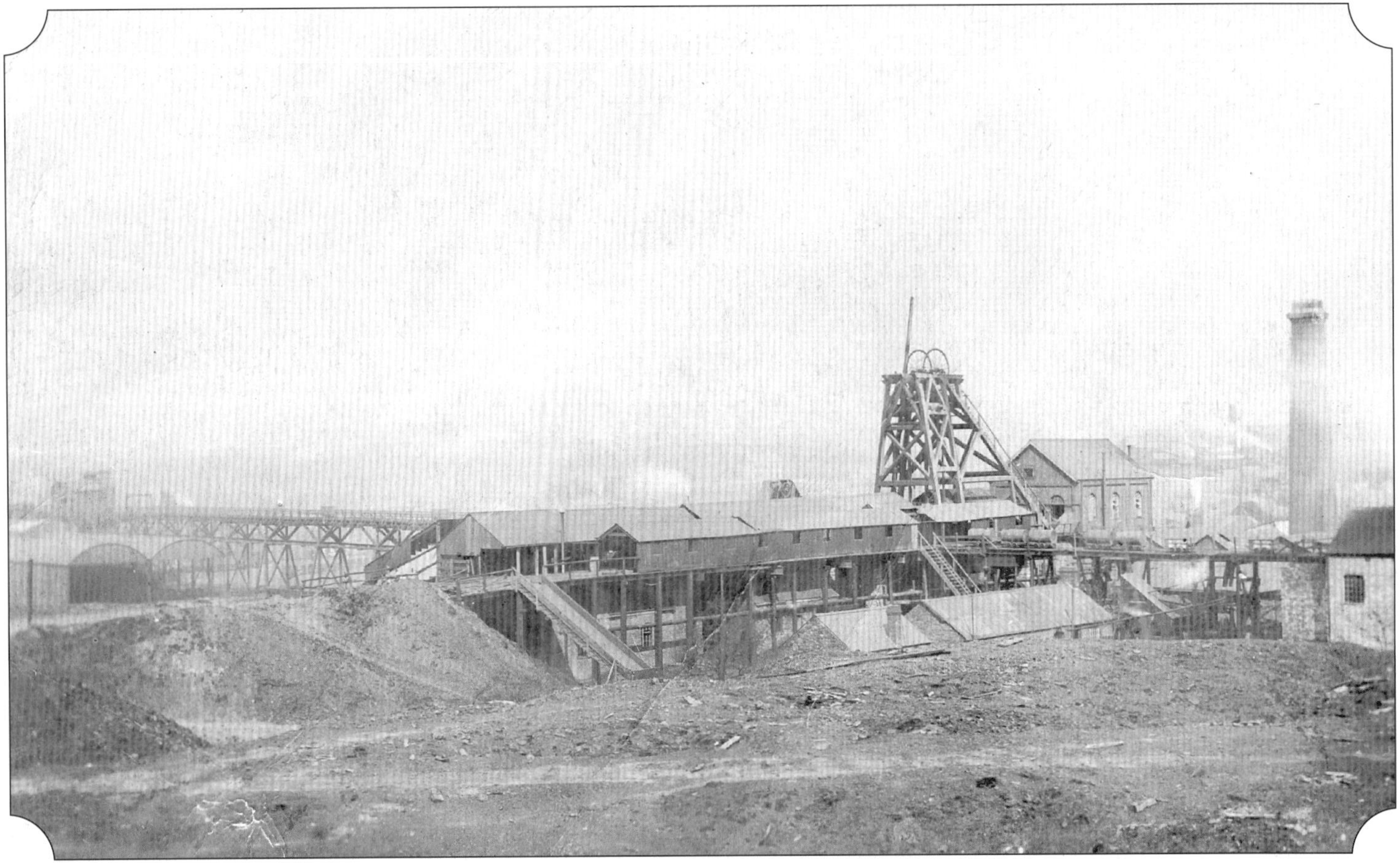

Un o'r ychydig gardiau o Bwll y Maerdy. Suddwyd y siafft yn 1884/5 i ddyfnder o 240 llath er mwyn gweithio'r Wythïen Fawr. Roedd y ffrâm bren yn 40 troedfedd o uchder, a'r siafft yn 13 troedfedd o led. Dechreuwyd codi glo yn 1886. Yn 1895 gweithiai 658 o ddynion yn y pwll, 777 yn 1918, 782 yn 1935 a 308 yn 1945. Caewyd y gwaith yn 1948.

One of few cards of Maerdy Pit. The shaft was sunk in 1884/5 to a depth of 240 yds to work the Big Vein. The wooden frame stood 40ft high and the shaft was 13ft in diameter. The pit began producing coal in 1886. In 1895, 658 men were employed in the pit, 777 in 1918, 782 in 1935 and 308 in 1945. The mine closed in 1948.

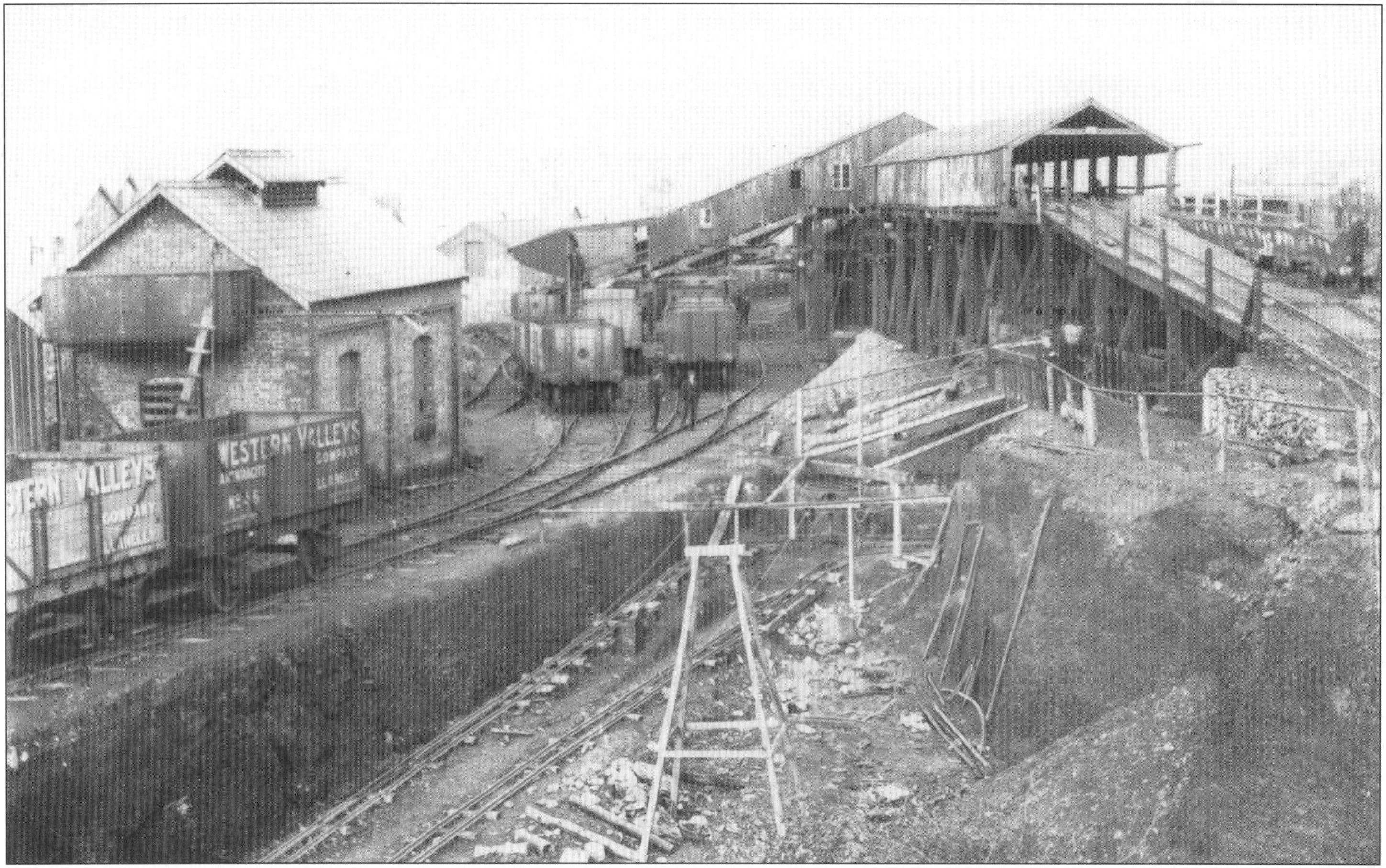

Glofa Cwm-gors a agorwyd yn 1888. Cloddiwyd slant i'r de er mwyn gweithio'r Wythïen Goch. Yn 1914 roedd 403 o ddynion yn cael eu cyflogi yn y pwll. Yn 1943 fe ddaethpwyd â chynllun mecanyddol y wal-hir i'r gwaith. Caeodd y pwll yn 1964.

Cwmgorse Colliery, opened in 1888. A slant was driven due south in order to work the Red Vein. In 1914 the pit employed 403 men. In 1943 mechanical longwall working was introduced. The mine closed in 1964.

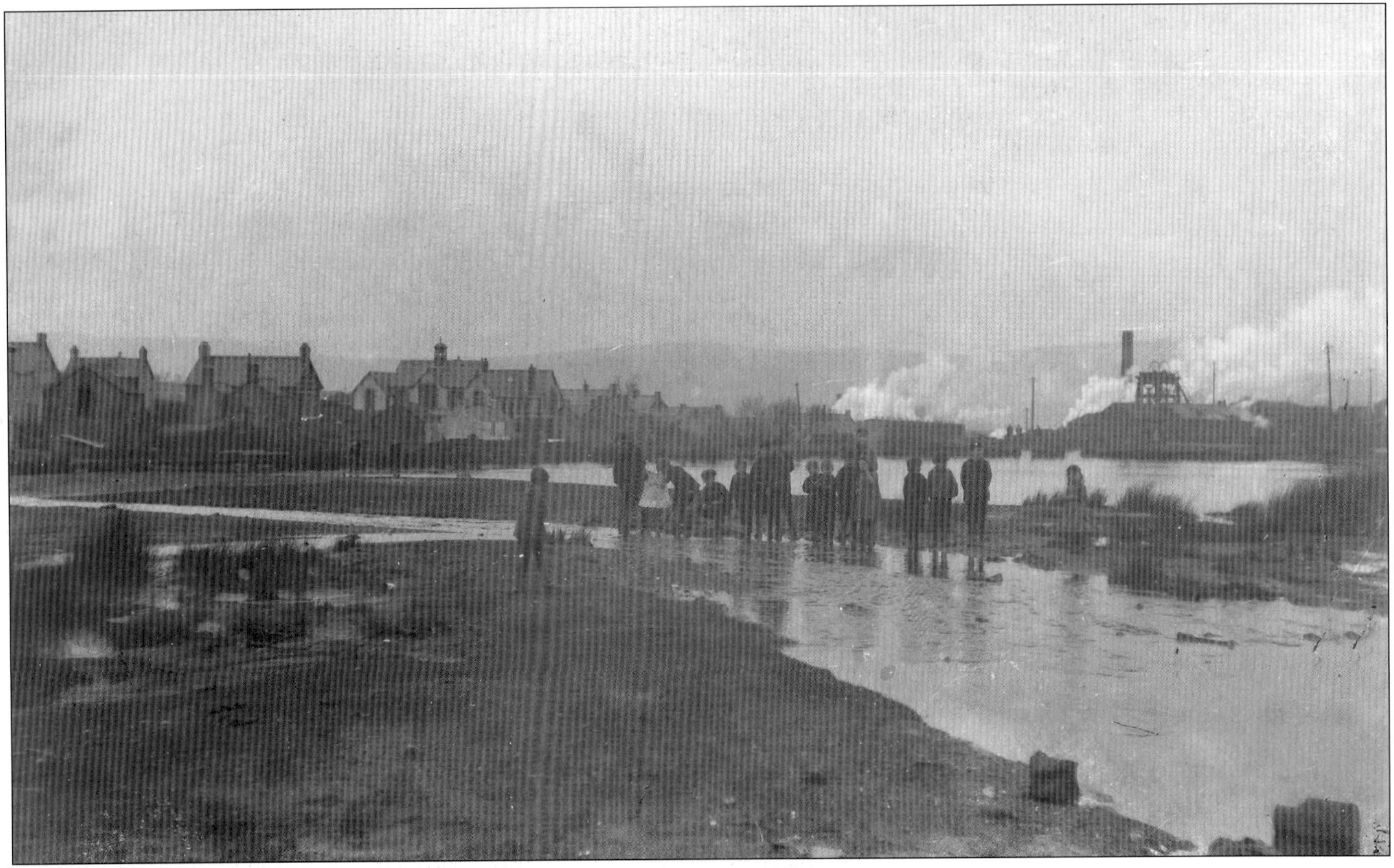

Golygfa o Gomin Tai'r-gwaith yn edrych i gyfeiriad Ysgol Tai'r-gwaith ac adeiladwaith pren benpwll Pwll y Maerdy.

A view from Tai'r-gwaith Common, of Tai'r-gwaith School and the wooden headgear of Maerdy Pit.

Llun o Bwll Newydd y Cawdor, a dynnwyd gan C.A.L., o 'Y glo olaf i gael ei lwytho cyn Streic Genedlaethol y Glowyr, Peirianwyr a Thanwyr—Mawrth 1912'. Pwrpas y streic oedd ceisio sicrhau isafswm cyflog i'r glowyr.

A photograph of the New Cawdor Mine, taken by C.A.L., shows 'The last coal loaded previous to the National Strike of Miners, Enginemen and Stokers—March 1912'. The strike was for a minimum wage in the coal industry.

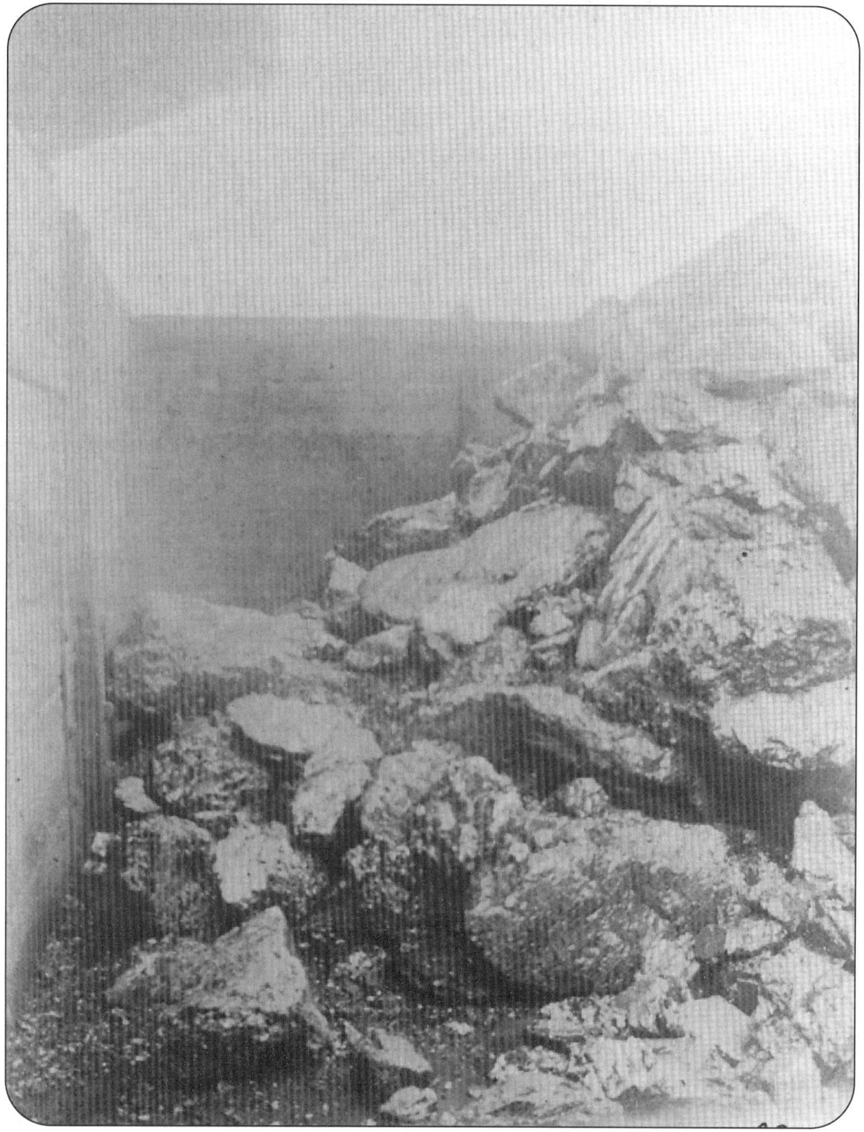

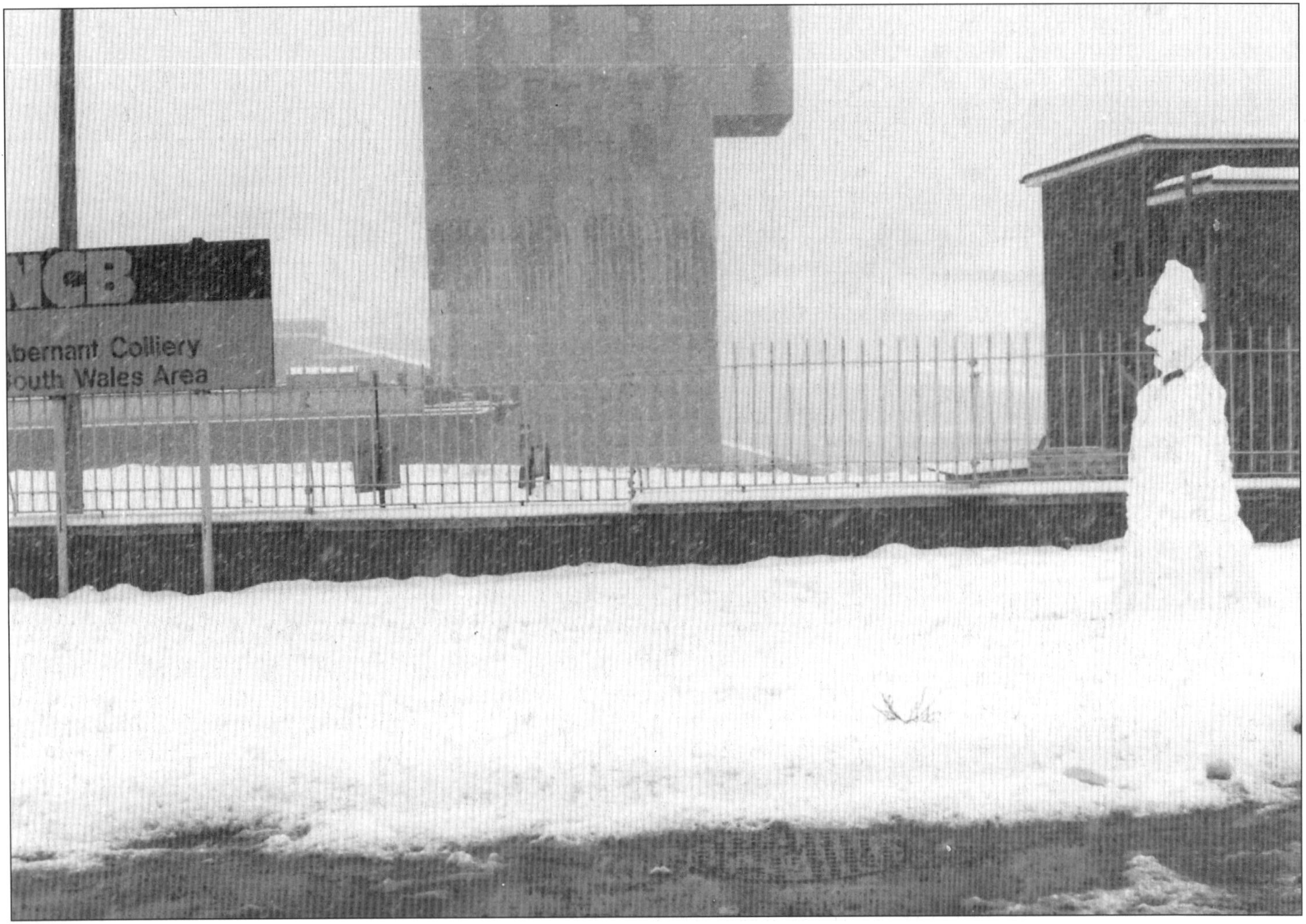

Gwaith Glo Aber-nant yn ystod Streic y Glowyr, 1984-85.

Aber-nant Colliery during the Miners Strike, 1984-85.

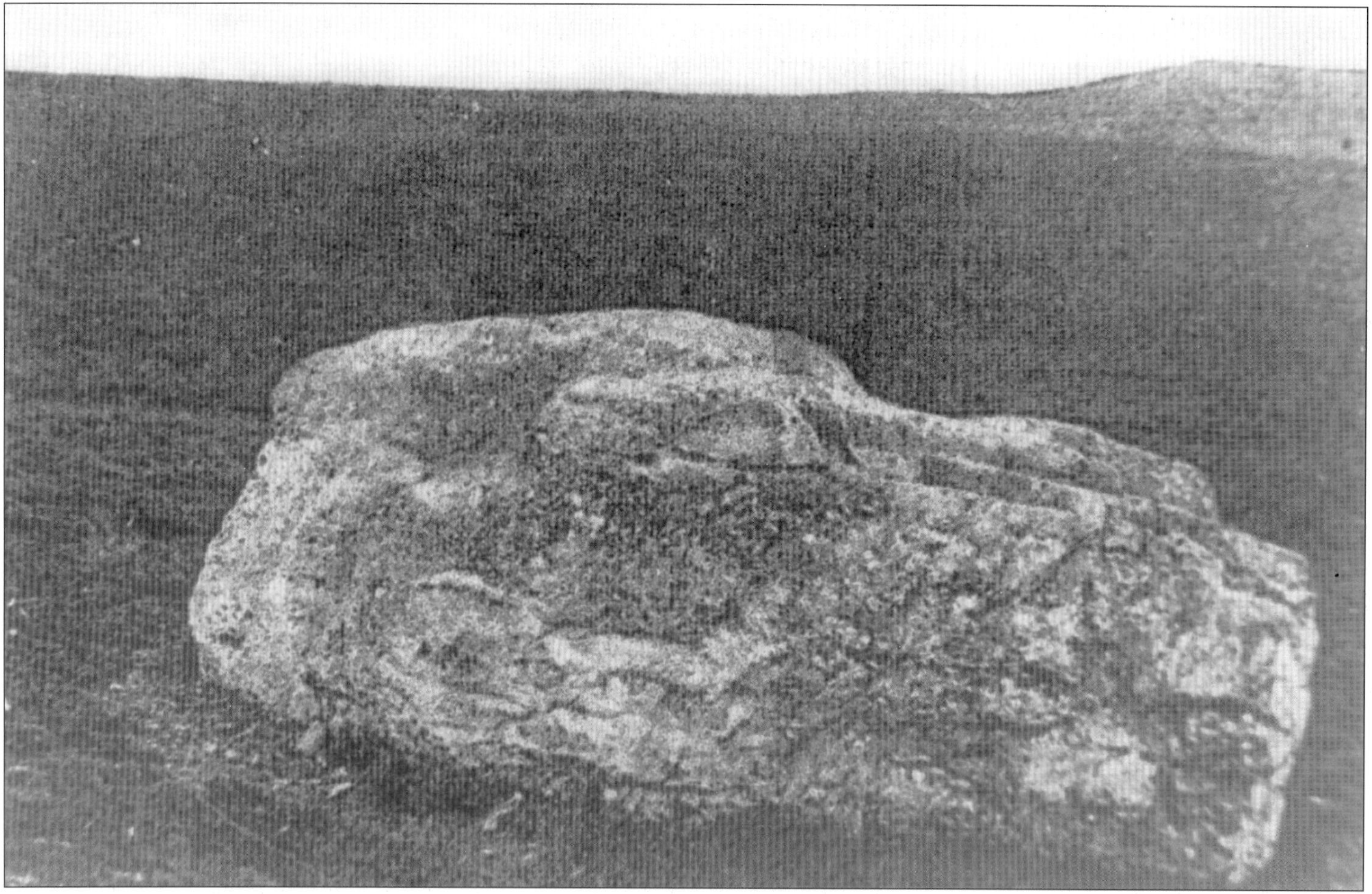

Carreg Jfilfan ar gomin Gwauncaegurwen. Dyma'r fan lle arferai anifeiliaid pwn orffwys, yn enwedig y rhai a gariai fwyn haearn o gyffiniau Ystalyfera ac Ystradgynlais i'r gwaith haearn yn Llandyfan.

Carreg Jfilfan on Gwauncaegurwen common. The boulder marked the resting place for pack animals, especially those carrying iron-ore from the Ystalyfera and Ystradgynlais area to the Llandyfan works.

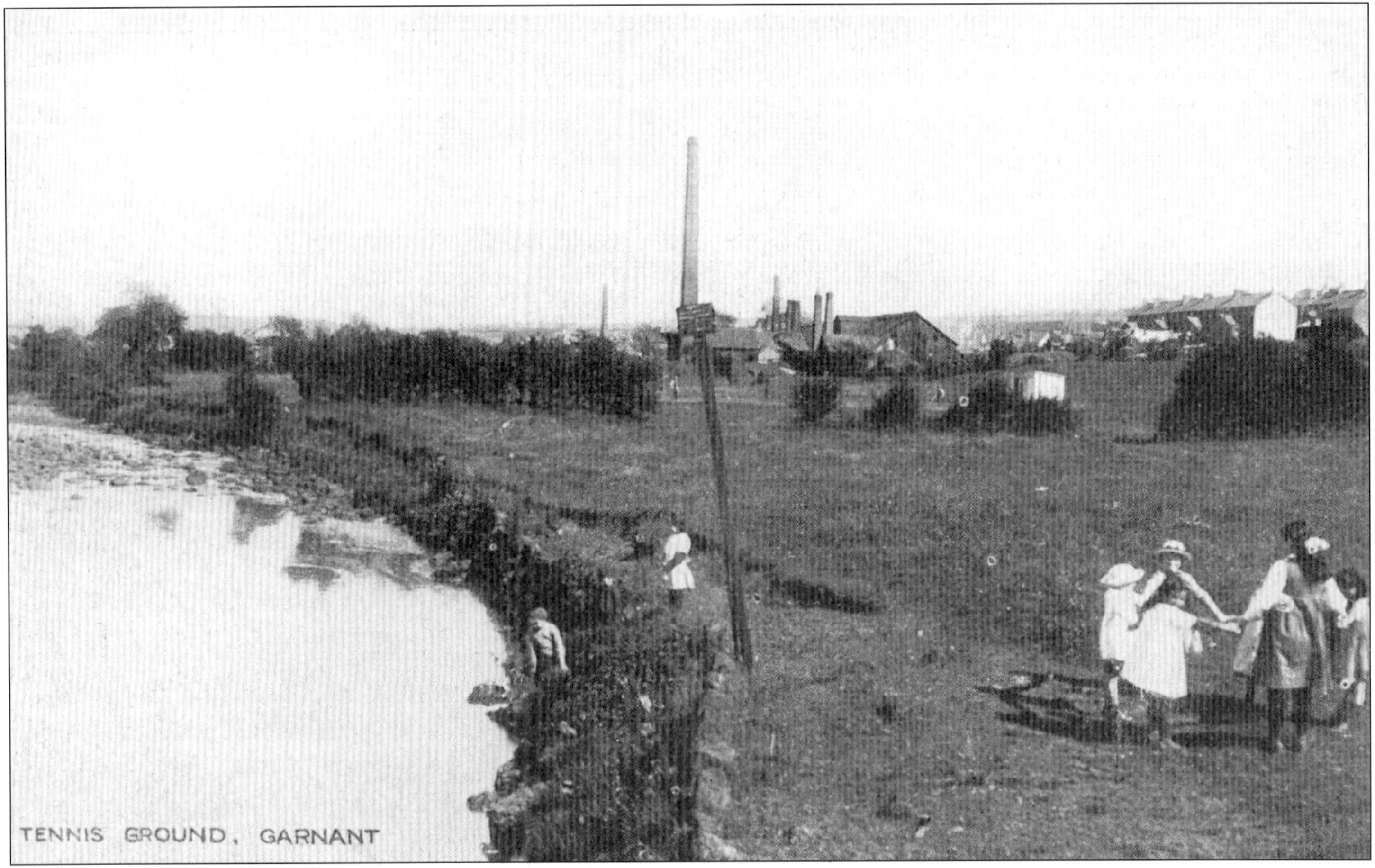

Plant yn chwarae 'Ring-a-Ring-a-Roses' ar lannau afon Aman yn 1923. Mae Gwaith Tun Aman yn bwrw ei gysgod dros y cyrtiau tennis.

Children playing 'Ring-a-Ring-a-Roses' on the banks of the river Amman in 1923. The Amman Tinplate Works casts its shadow over the tennis courts.

Roedd rasys trwy'r strydoedd yn boblogaidd iawn 'slawer dydd. Dyma lun o un ras yn mynd drwy'r Garnant, tua 1914.

Road races were a popular pastime in years gone by. This picture shows one such race passing through Garnant, *c*. 1914.

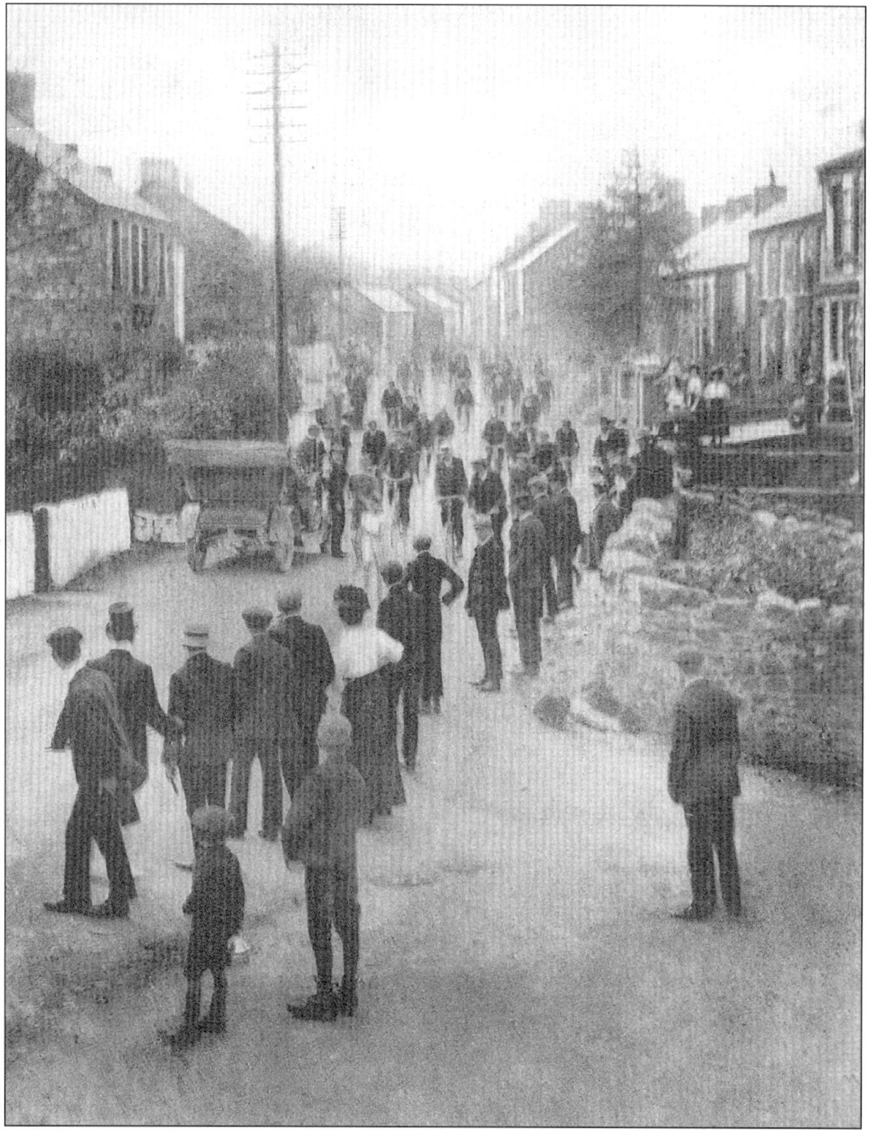

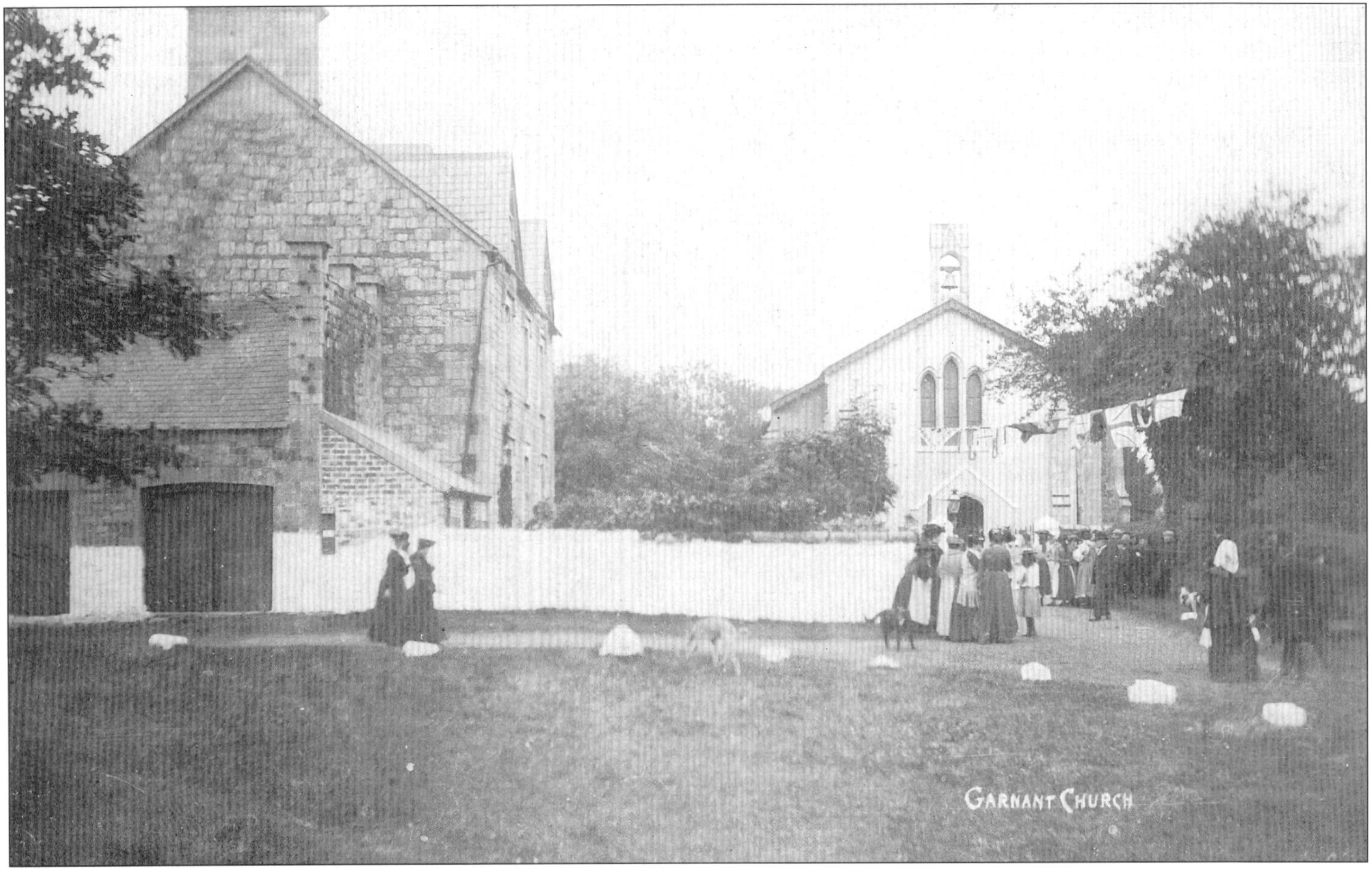

Eglwys Crist, Y Garnant, ar achlysur dathlu coroni Sior V yn 1910.

Christ Church, Garnant, celebrates the coronation of George V in 1910.

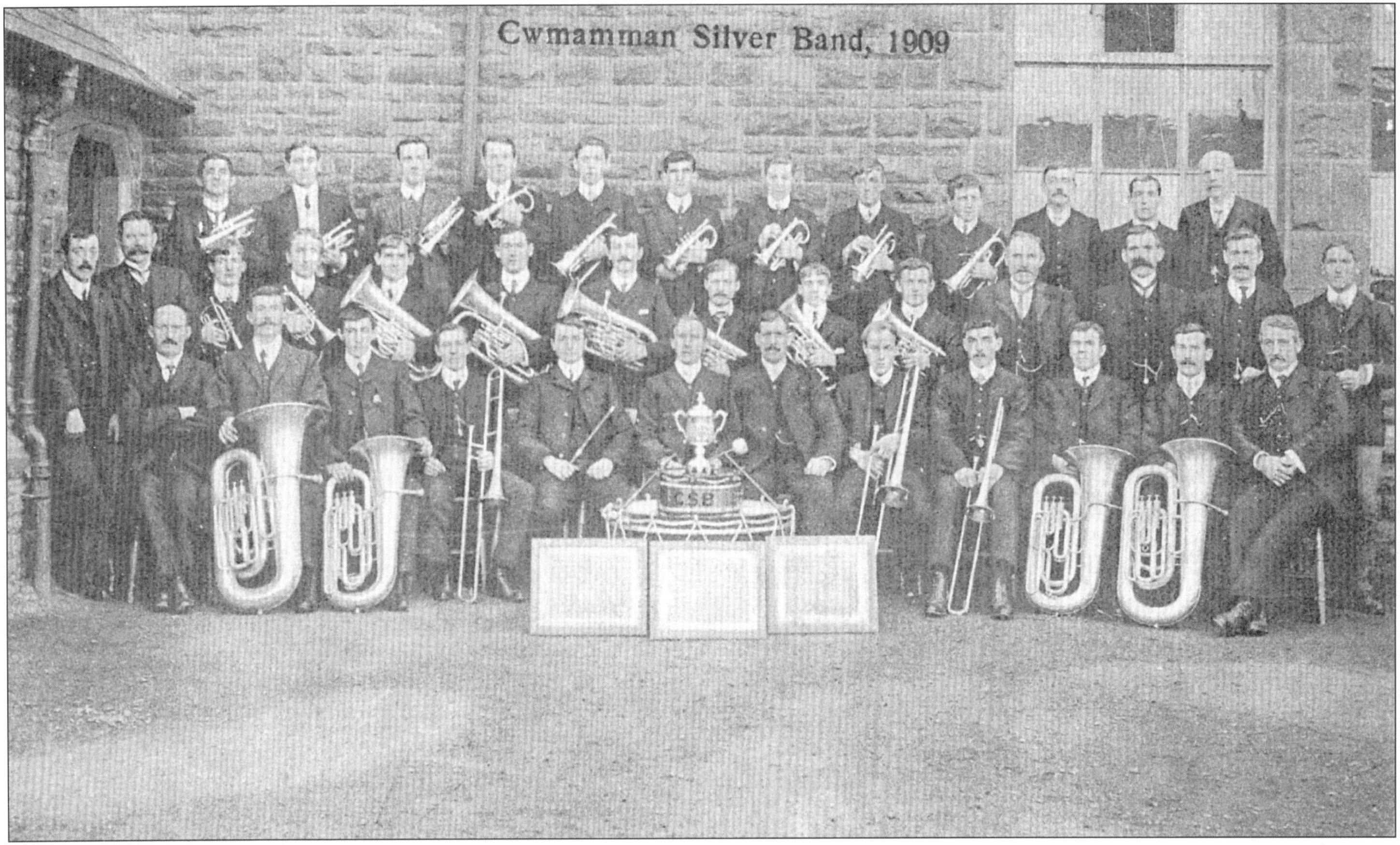

Band Arian Cwmaman, 1909.

Cwmamman Silver Band, 1909.

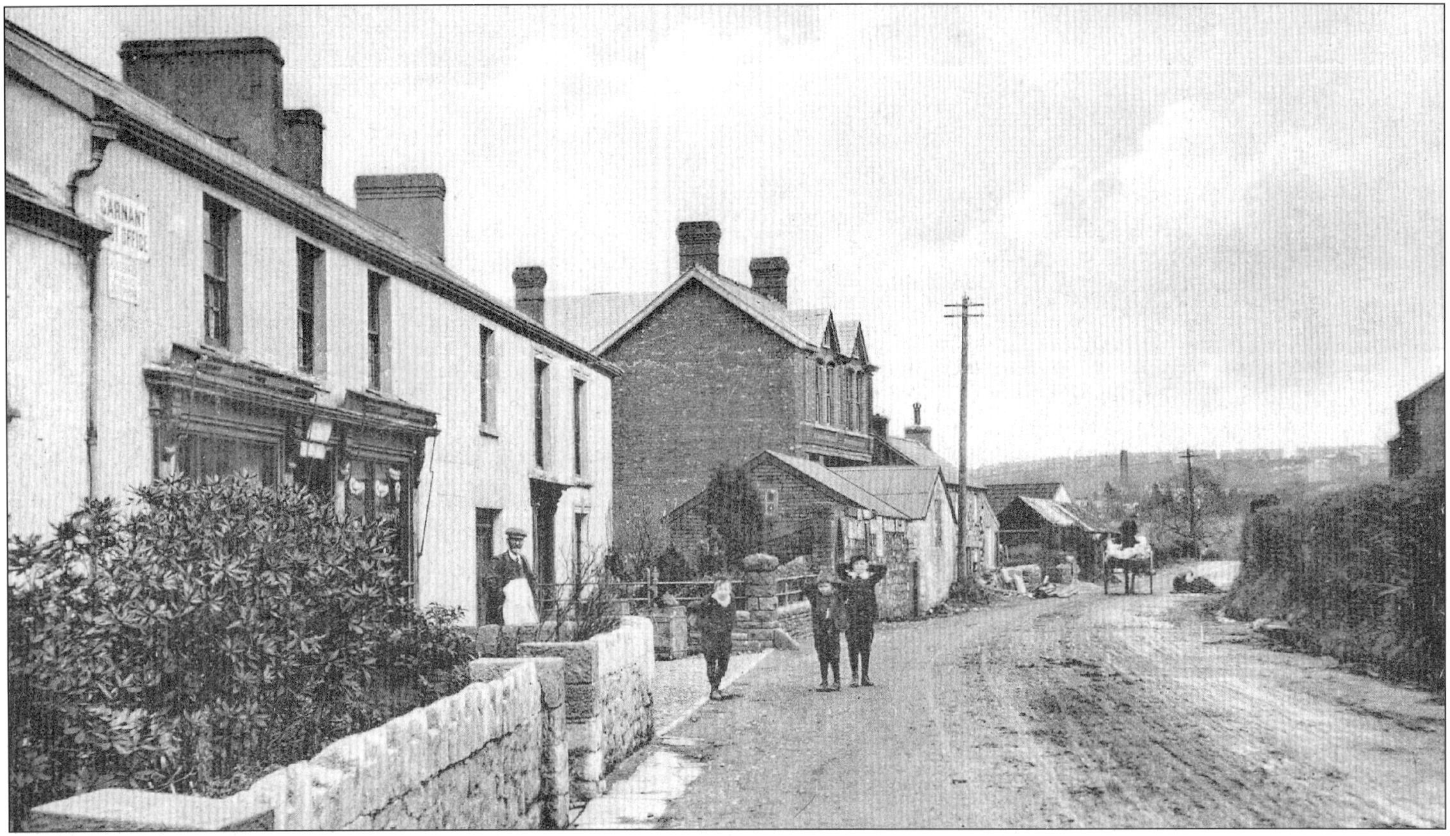

Y Brif Heol a'r Swyddfa Bost (chwith), Y Garnant, 1913.

Main Road and Post Office (left), Garnant, 1913.

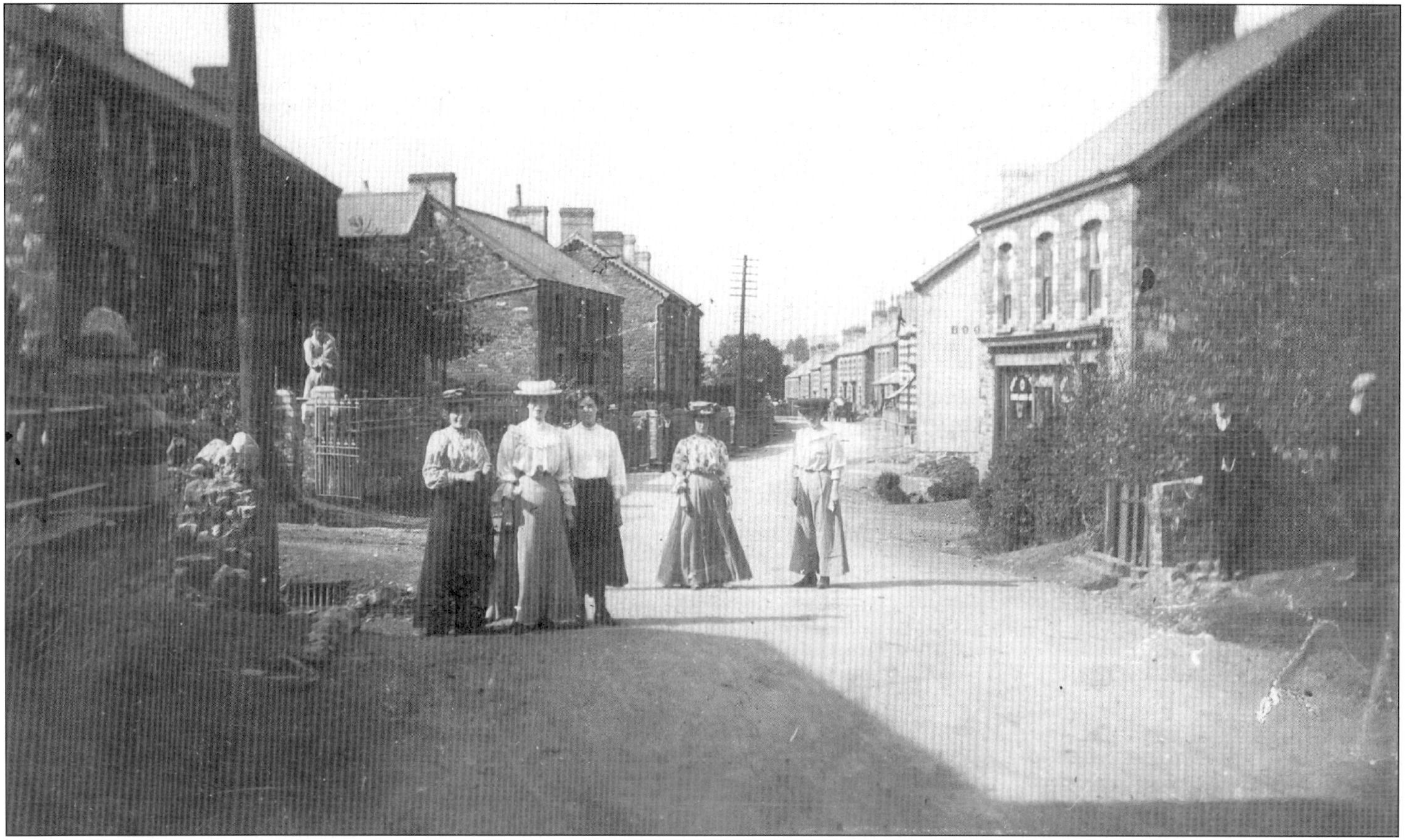

Y Brif Heol, Heol y Coroni (chwith) a Stryd Isaf yr Orsaf (dde), Y Garnant yn 1913. Sylwch ar y merched yn eu gwisgoedd crand yn sefyll yn gwbl ddiogel ar ganol yr heol!

Main Road, Garnant, 1913. Coronation Road is situated to the left and Lower Station Road to the right. Notice the ladies in their finery, seemingly safe in the centre of the road!

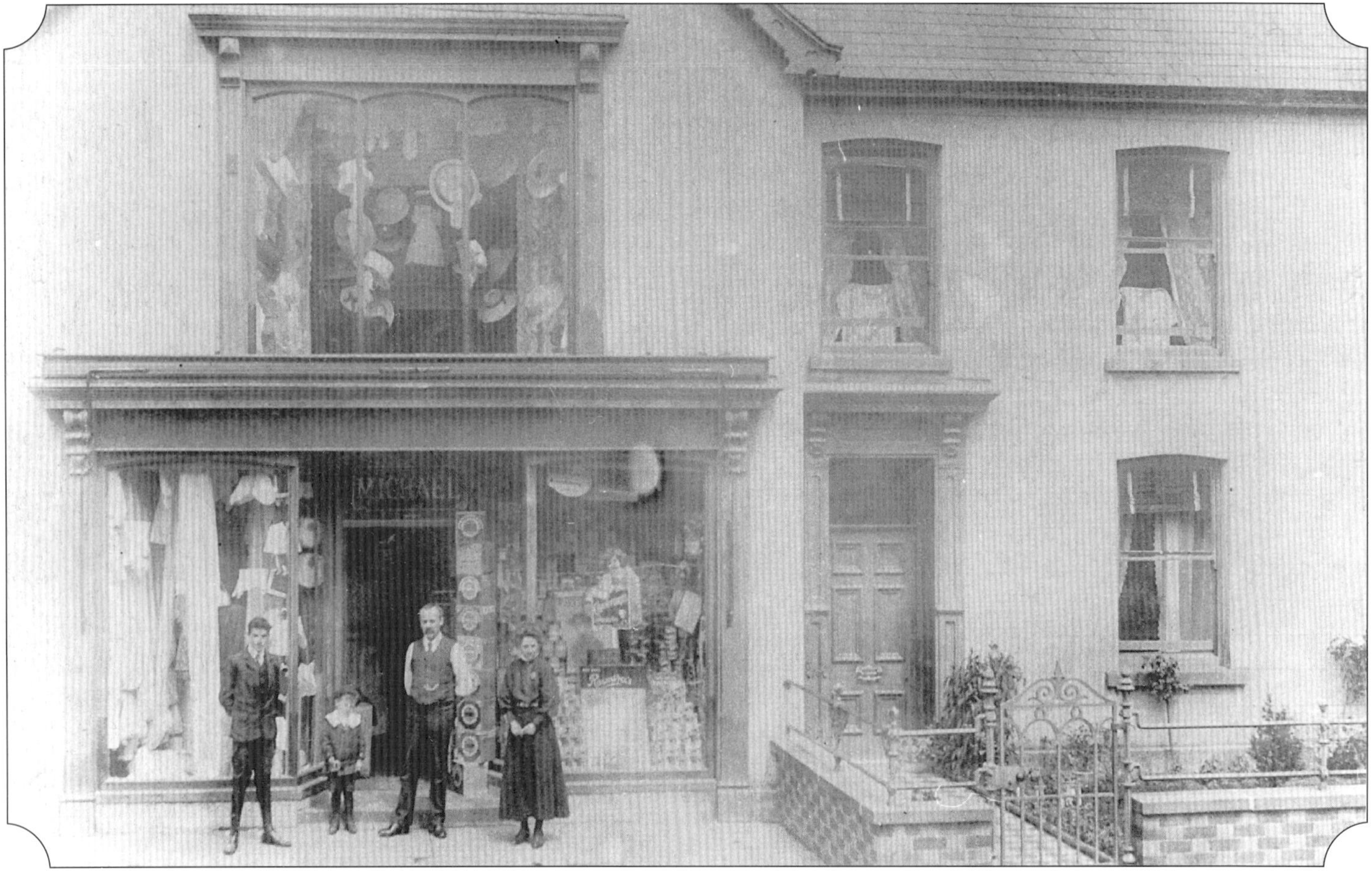

Emporium Michael, Y Garnant. Newidiwyd yr enw i Harries' Emporium pan brynodd D. Harries y siop yn 1933.

Michael Emporium, Garnant. It later became Harries' Emporium when D. Harries took over the business in 1933.

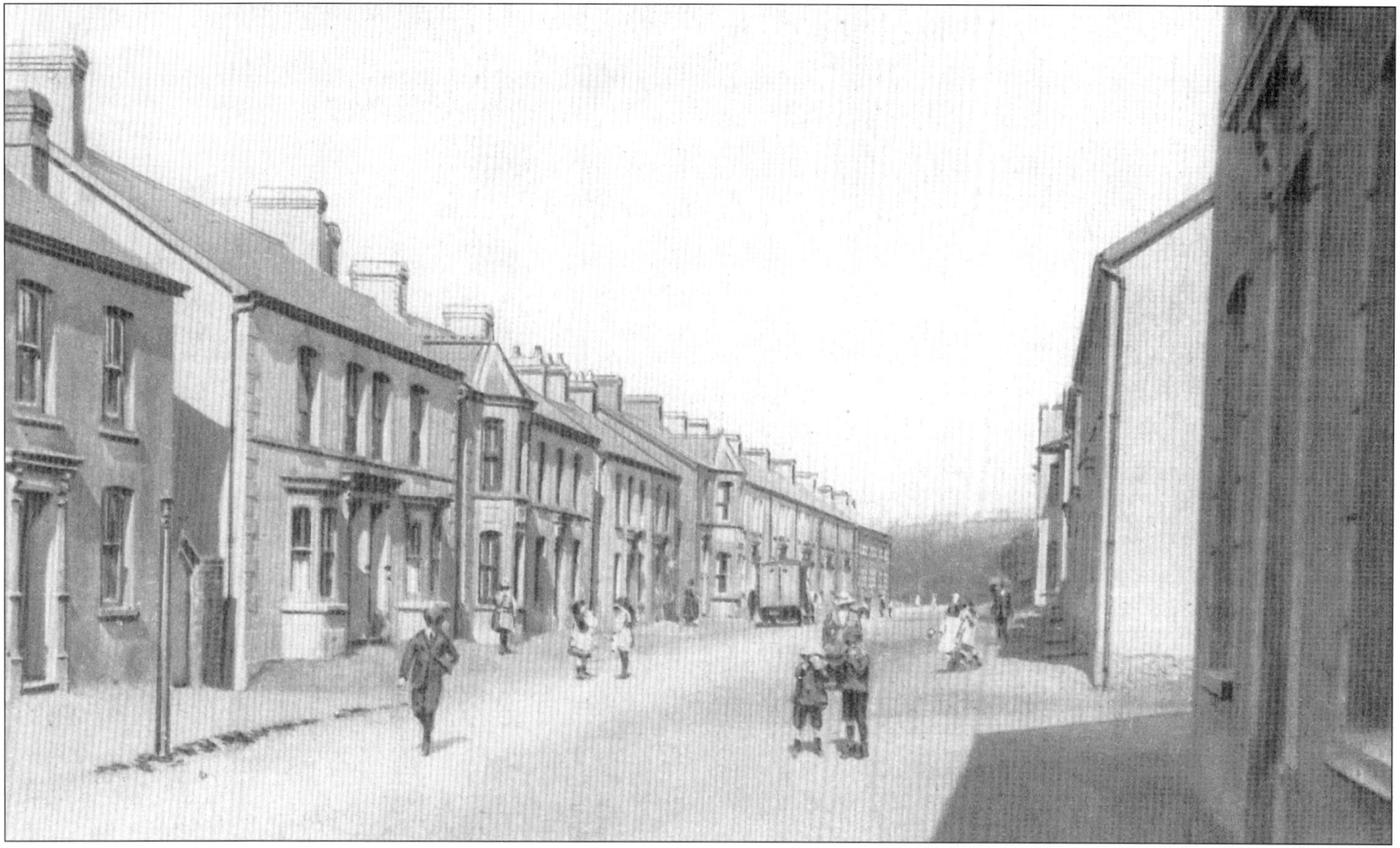

Heol Stepney, Y Garnant, tua diwedd y 1920au.

Stepney Road, Garnant, in the late 1920s.

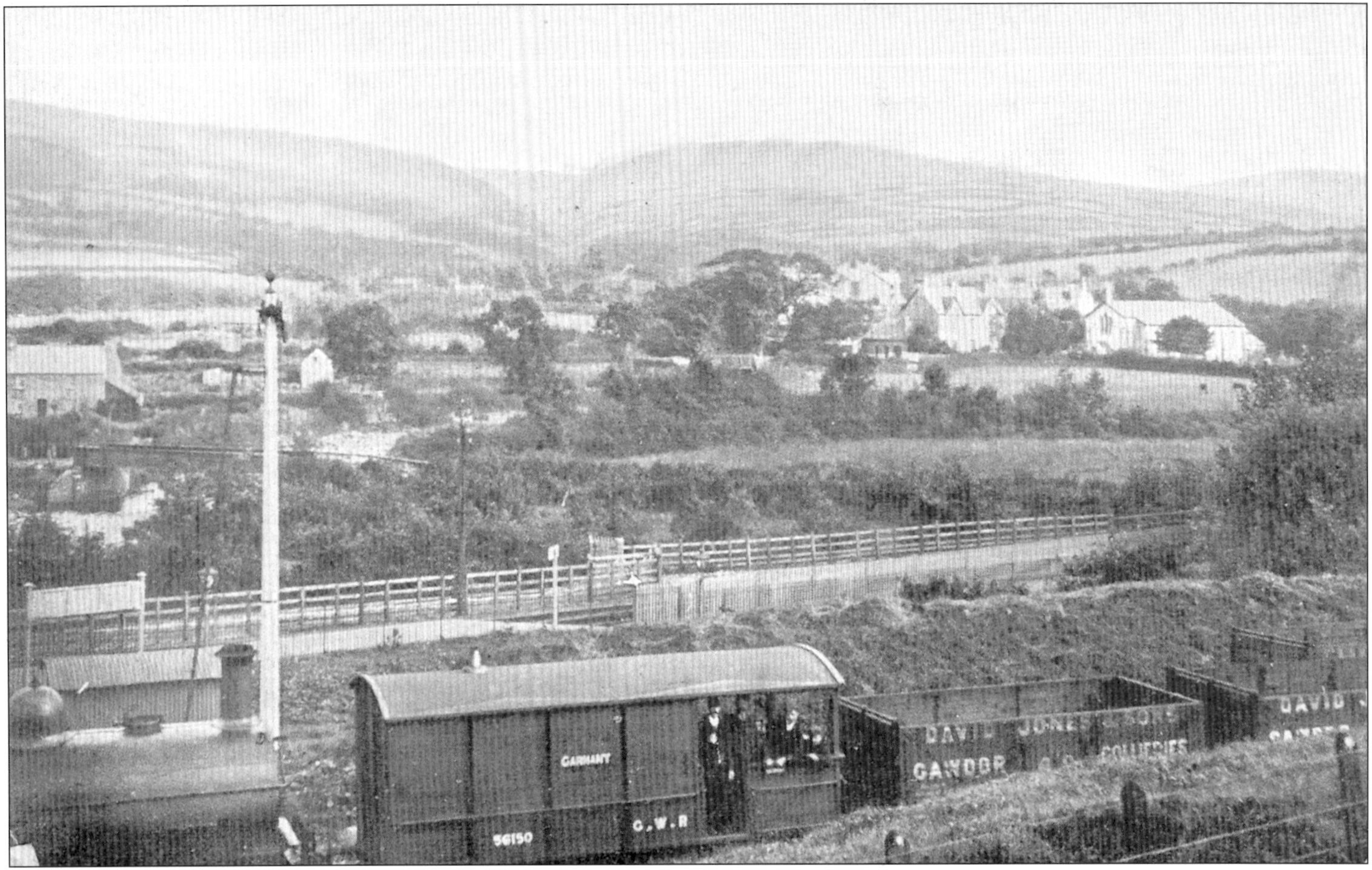

Cyffordd y rheilffordd, Y Garnant. Mae'r injan a'r gwageni (ar eu ffordd i seidins Cawdor) ar lein Gwauncaegurwen ac mae'r trac arall yn arwain i Frynaman. Yn y cefndir gellir gweld Cwm Pedol, y Twyn a'r eglwys.

Railway junction, Garnant. The engine and waggons (destined for the Cawdor Sidings) are on the Gwauncaegurwen branch. The other track heads to Brynaman. Cwm Pedol, Twyn and the church can be seen in the background.

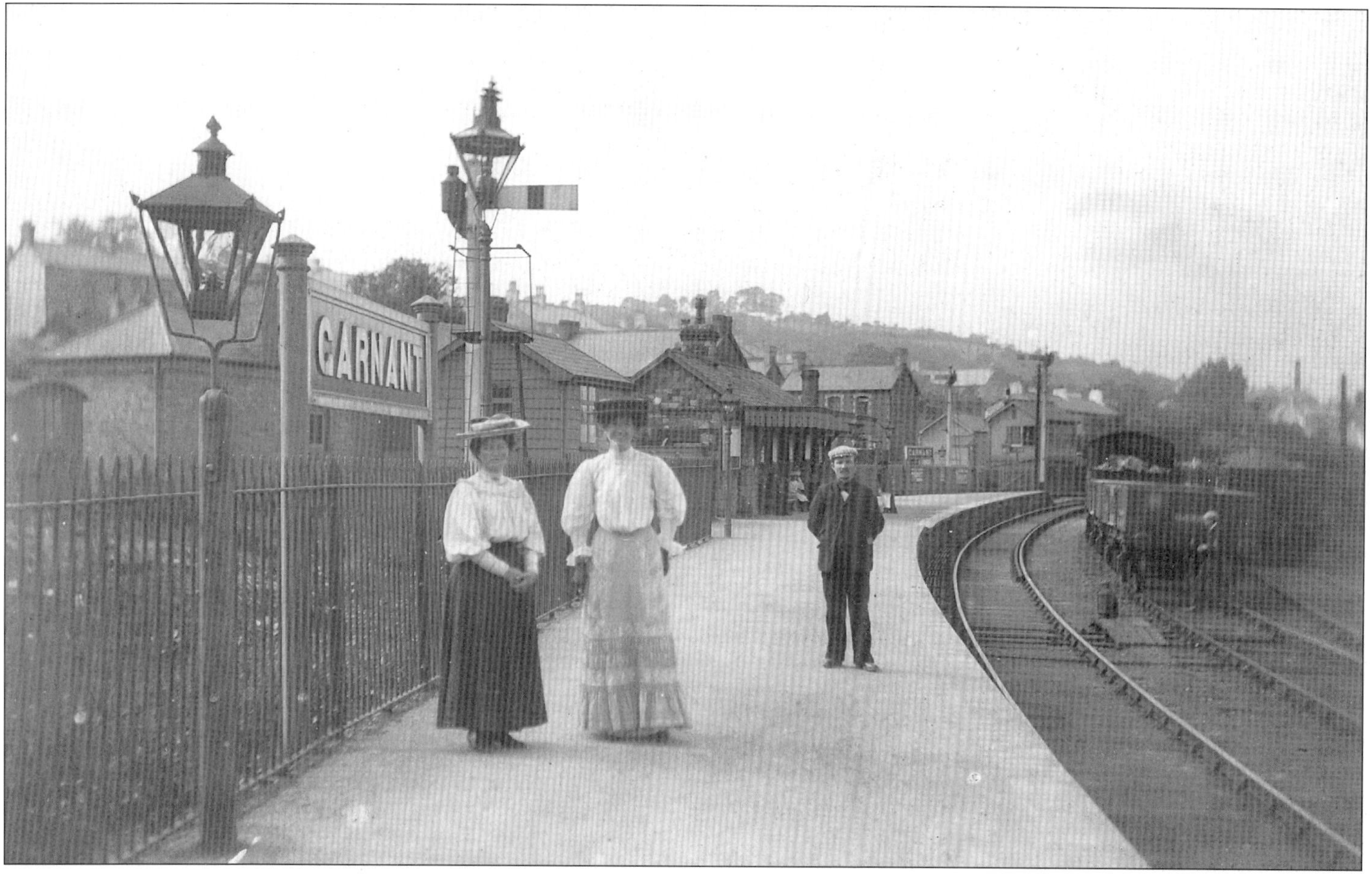

Platfform cangen Brynaman, Y Garnant, tua 1913. Mae'r ddwy wraig a'r gŵr yn eu cynnig eu hunain fel modelau i'r ffotograffydd wrth iddynt aros am y trên.

The Brynamman branch platform, Garnant, c. 1913. The two ladies and gentleman pose for the camera whilst waiting for their train.

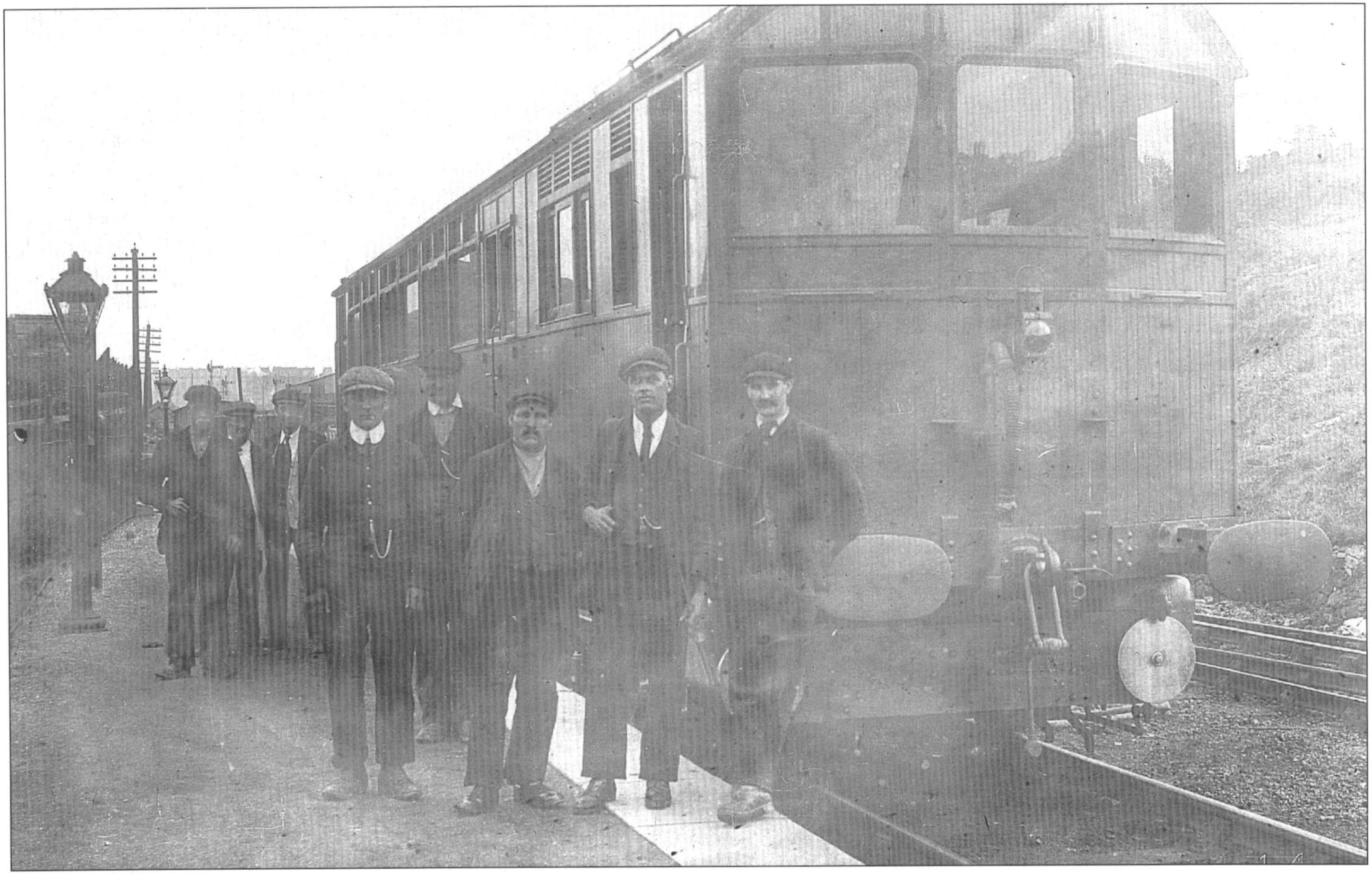

Cerbyd rheilffordd ager, a ddefnyddiwyd o 1908 hyd 1926, yn sefyll wrth blatfform cangen Gwauncaegurwen yng ngorsaf Y Garnant.

A steam rail-car, which was in use from 1908 to 1926, at the Gwauncaegurwen branch platform, Garnant.

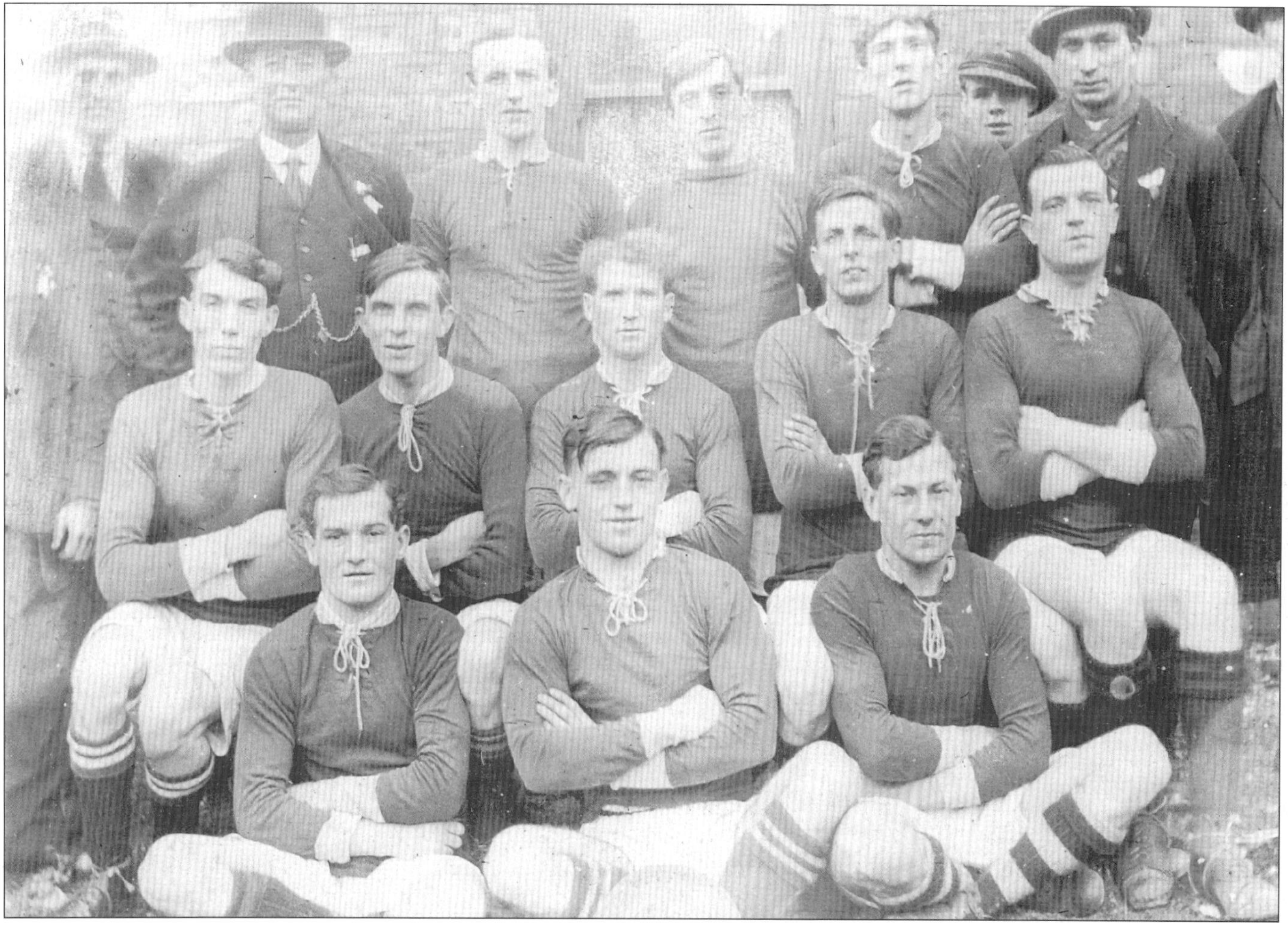

Tîm pêl-droed Mid Amman Rangers, yn gynnar yn y 1920au.

The Mid Amman Rangers in the 1920s.

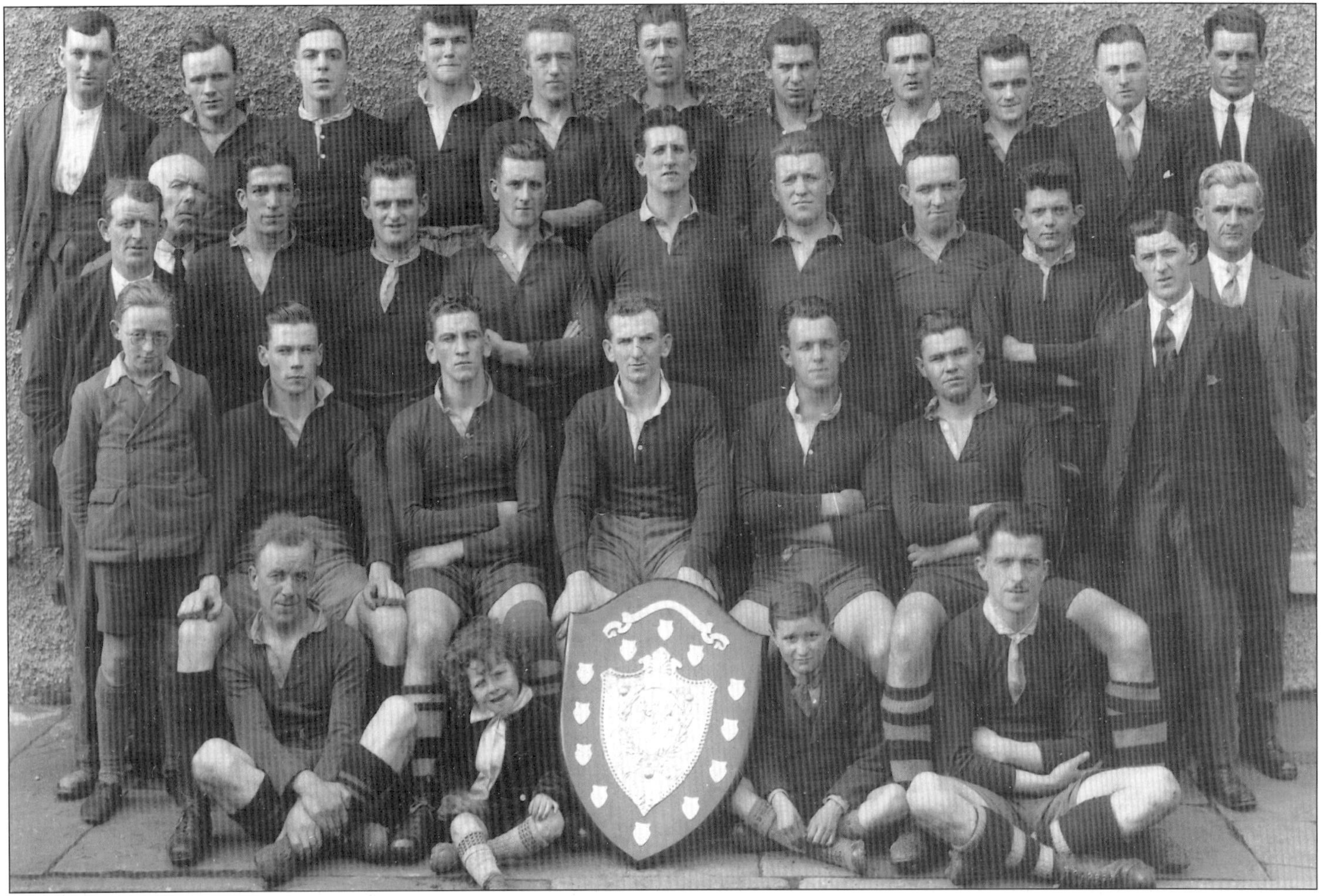

Clwb Rygbi Aman, enillwyr y Darian, 1927-1928.

Amman United Rugby Club, winners of the Shield, 1927-1928.

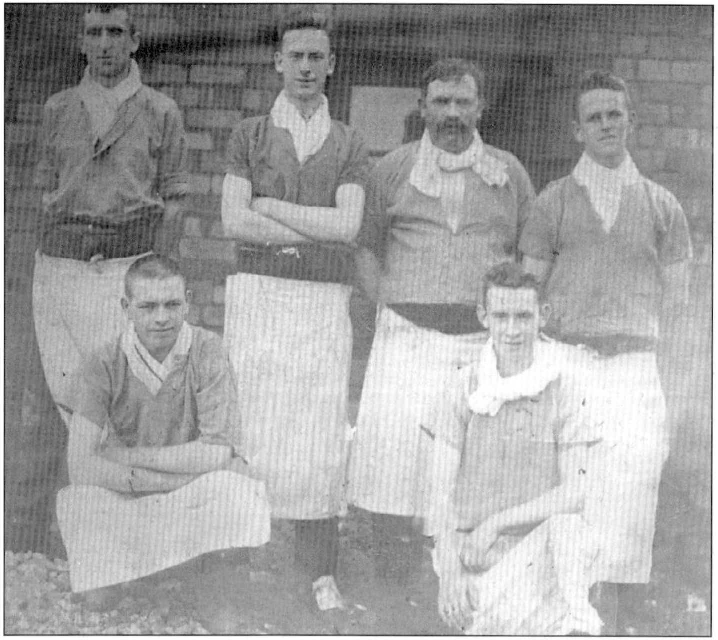

Tîm o weithwyr o Waith Tun yr Aman.

Rhes gefn o'r chwith i'r dde:
Wil Jenkins (ewyrth yr awdur), Dai Rees Jones (Twyn),
Dai Jenkins (tad-cu'r awdur) a Bryn Booth.
Rhes flaen o'r chwith i'r dde:
Tom Rouse a Huw Jones (Buff).

A team of workmen employed in the Amman Tinplate Works.

Back row from left to right:
Wil Jenkins (author's uncle), Dai Rees Jones (Twyn),
Dai Jenkins (author's grandfather) and Bryn Booth.
Front row from left to right:
Tom Rouse and Huw Jones (Buff).

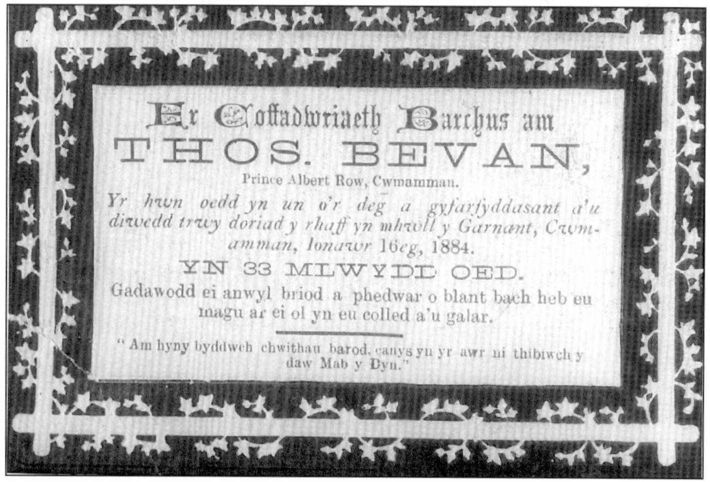

Er Coffadwriaeth Barchus am

THOS. BEVAN,

Prince Albert Row, Cwmamman.

Yr hwn oedd yn un o'r deg a gyfarfyddasant a'u diwedd trwy doriad y rhaff yn mhwll y Garnant, Cwmamman, Ionawr 16eg, 1884.

YN 33 MLWYDD OED.

Gadawodd ei anwyl briod a phedwar o blant bach heb eu magu ar ei ol yn eu colled a'u galar.

" Am hyny byddwch chwithau barod, canys yn yr awr ni thybiwch y daw Mab y Dyn."

Cerdyn Coffa Thomas Bevan, un o ddeg gŵr a laddwyd pan dorrodd rhaff ym Mhwll Y Garnant ar 16 Ionawr 1884.

A Commemorative Card published in memory of Thomas Bevan, one of ten men killed when the rope broke in Garnant Pit on 16 January 1884.

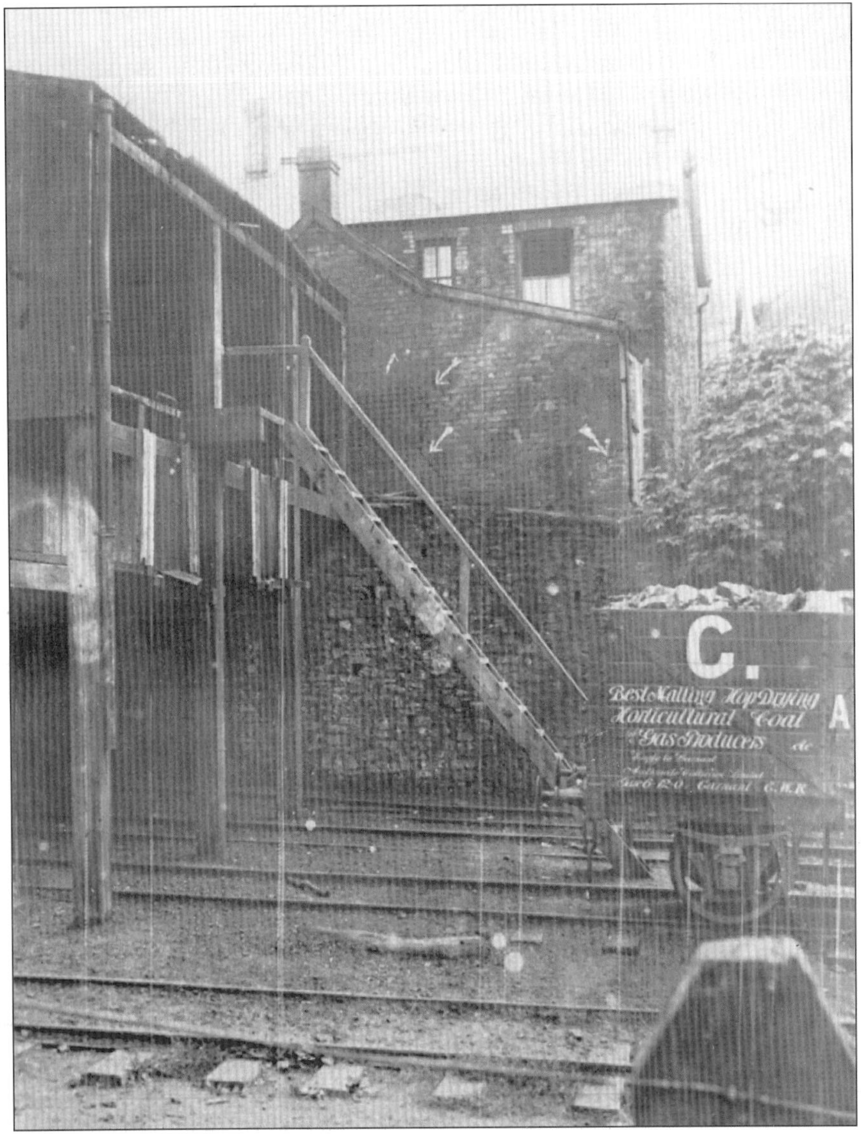

Sgriniau glo yng ngwaith glo'r Lamb, Y Garnant.

Coal screens at the Lamb Colliery, Garnant.

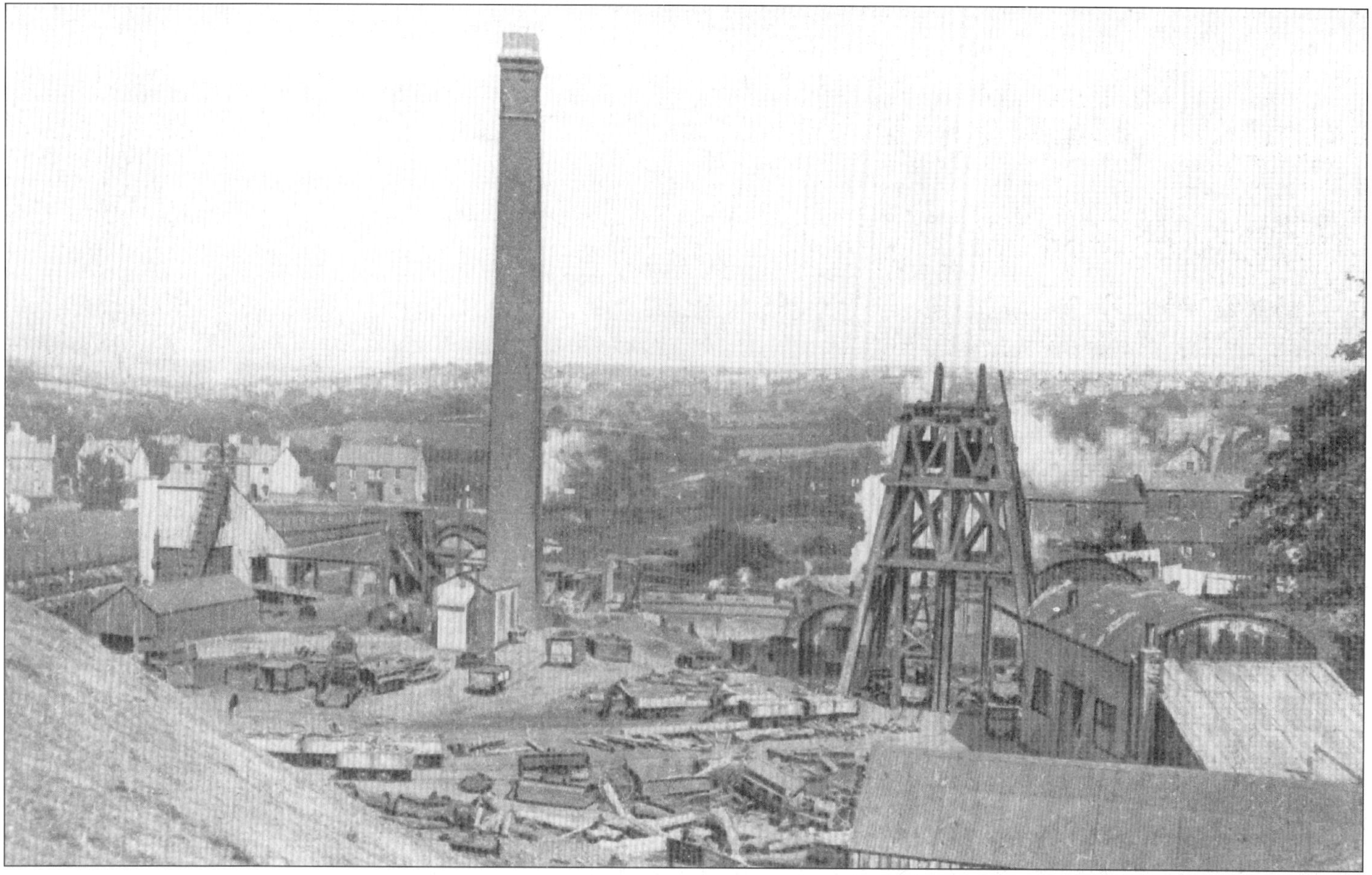

Gwaith Glo'r Raven, Y Garnant. Yn 1854 y perchennog oedd J. Strick, ond dros y blynyddoedd newidiodd y perchennog sawl gwaith. Yn 1924 y Raven Anthracite Colliery Ltd oedd yn berchen ar y gwaith, ac fe gyflogid 485 o weithwyr. Flwyddyn cyn i'r gwaith gau yn 1933 gweithiai 332 yn y lofa.

Raven Colliery, Garnant. The owner in 1854 was J. Strick, but it then changed hands several times. In 1924 it was owned by the Raven Anthracite Colliery Ltd and employed 485 workers. A year before it closed in 1936 the colliery employed 332.

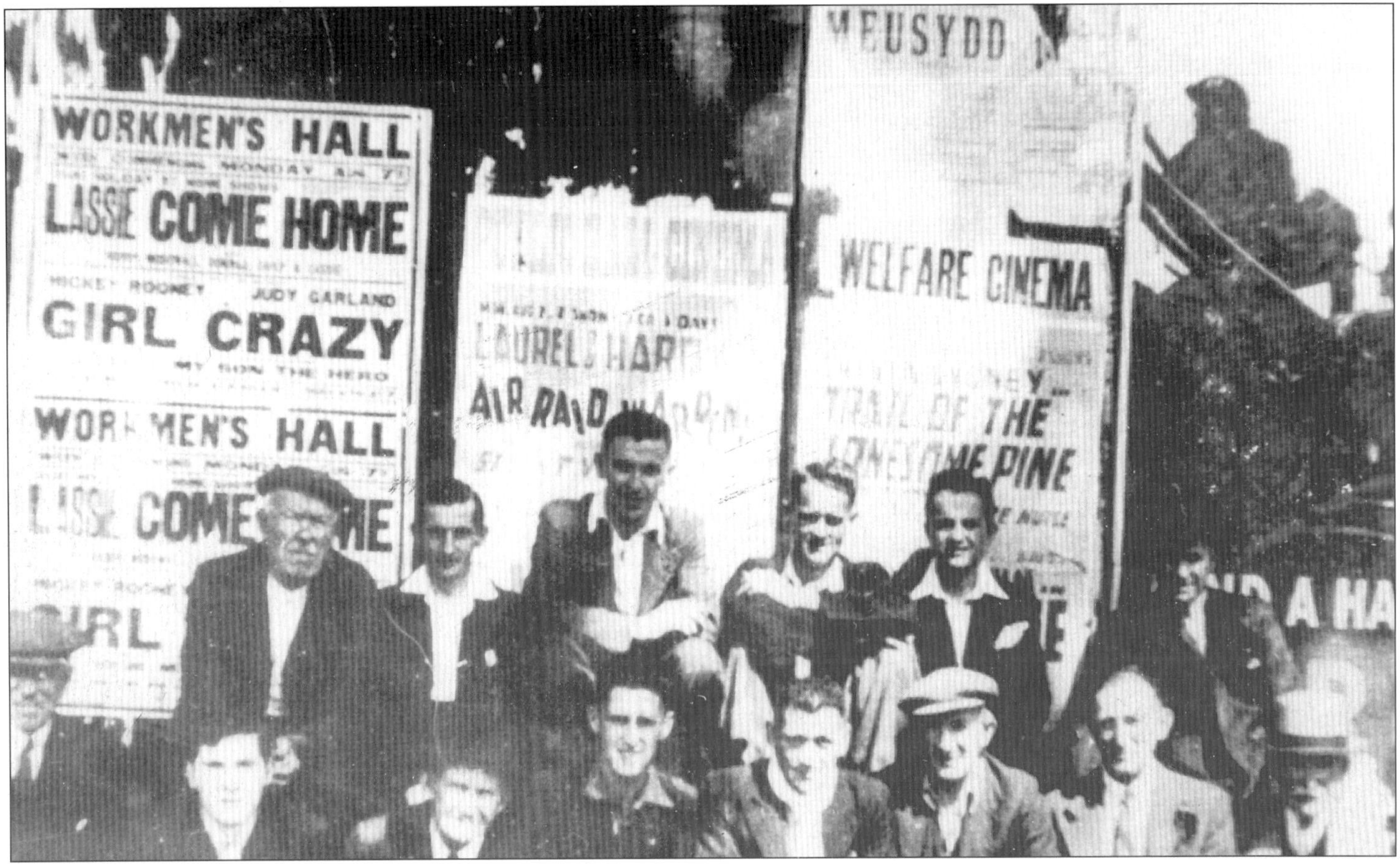

Roedd boncyff hen goeden fawr a orweddai ger y Raven Inn yn fan cyfarfod poblogaidd iawn. Y gŵr sy'n gwisgo het wellt (dde eithaf) yw D.R. Williams, Y Garnant, a oedd yn flaenor yng nghapel Bethania. Ar yr hysbysfwrdd (dde) mae poster o adeg y rhyfel sy'n annog y brodorion i 'Lend a Hand'. Tynnwyd y llun tua 1944.

A large tree trunk, situated near the Raven Inn, was a popular meeting place. The gentleman in the straw hat (far right) is D.R. Williams, Garnant, who was an elder in Bethania chapel. On the billboard a wartime poster encourages locals to 'Lend a Hand'. The photograph was taken about 1944.

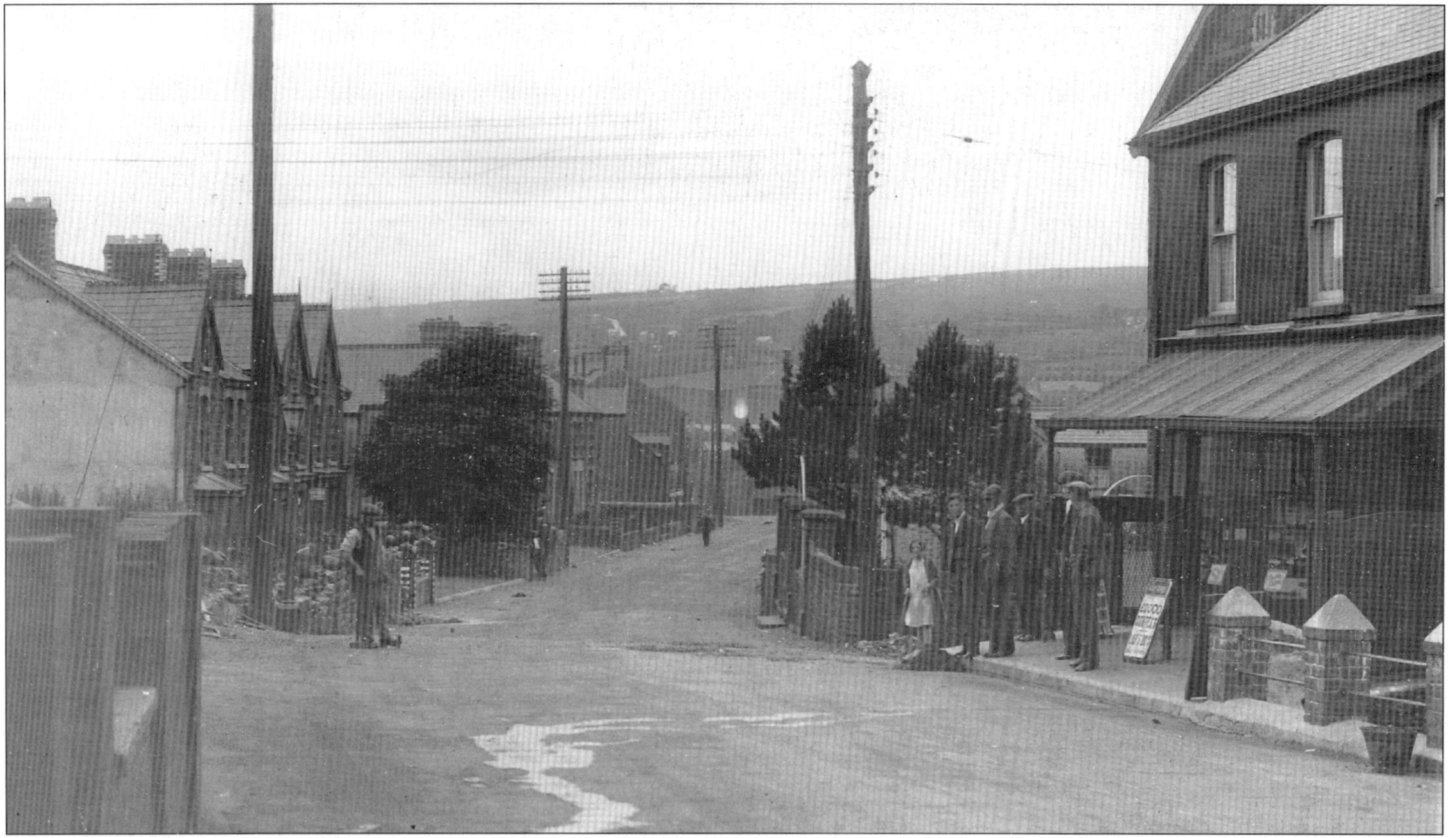

Siop Dan y Bryn, Y Garnant, a brynwyd oddi wrth Moses Rees yn 1936.

Dan y Bryn Shop, Garnant, purchased from Moses Rees in 1936.

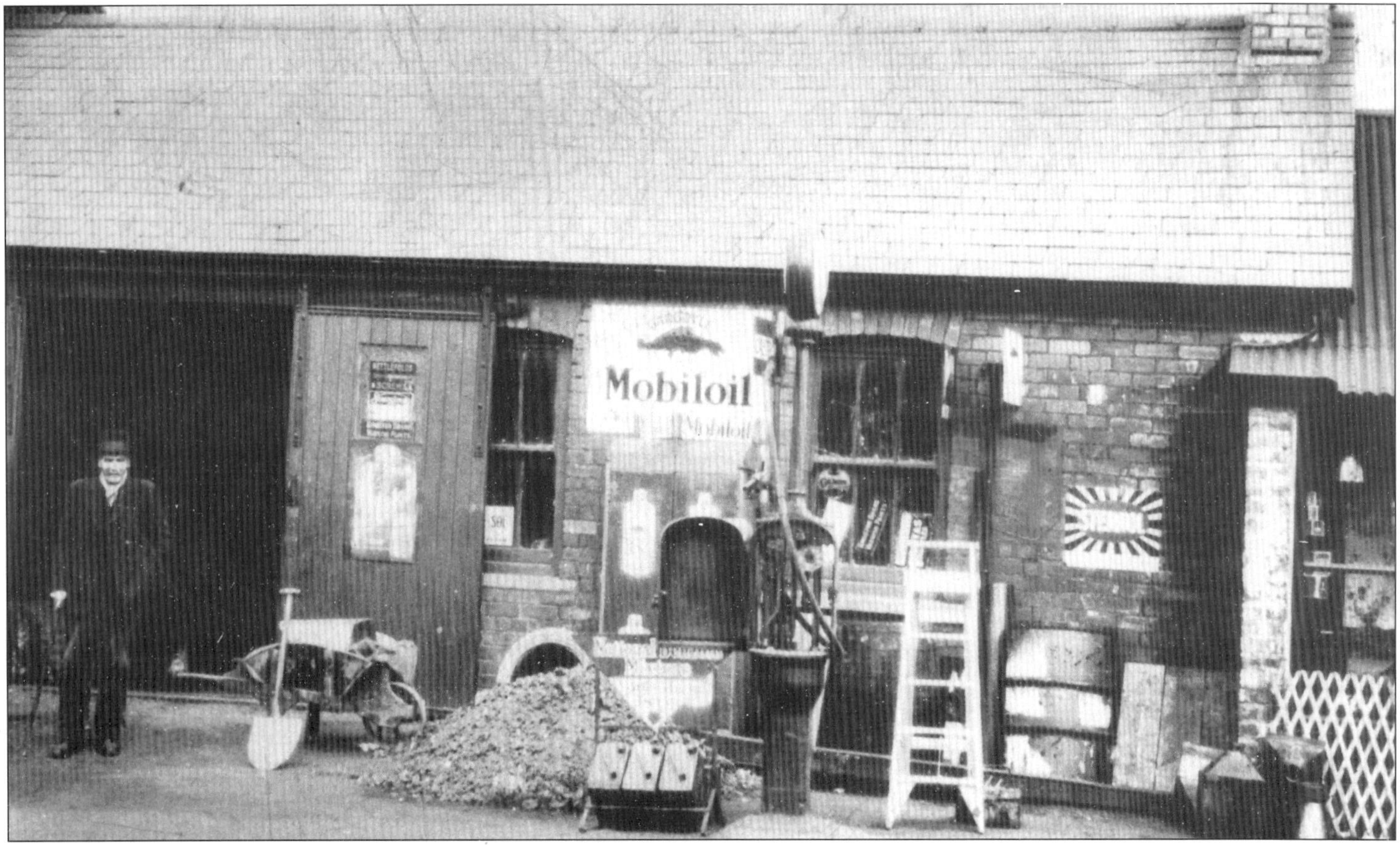

Johnny Gof a'i orsaf betrol, Glanaman, 1927. Roedd y siop ar y dde yn gwerthu papur wal a phaent yn bennaf.

Johnny Gof's petrol station, Glanamman, 1927. The shop on the right sold mainly wallpaper and paint.

Peter Lewis, a fu'n bostman yng Nglanaman am dros 35 o flynyddoedd, yn sefyll wrth fynedfa Sinema'r Palace (Sioe Sam).

Peter Lewis, a postman in Glanamman for over 35 years, at the entrance to the Palace Cinema (Sioe Sam).

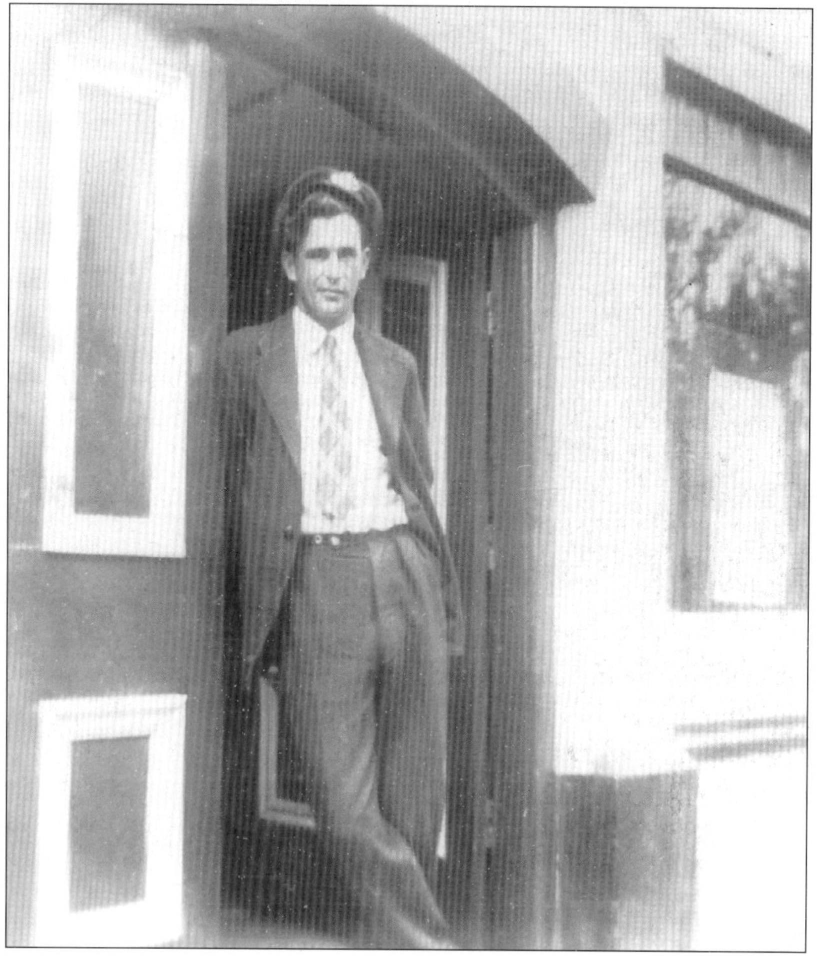

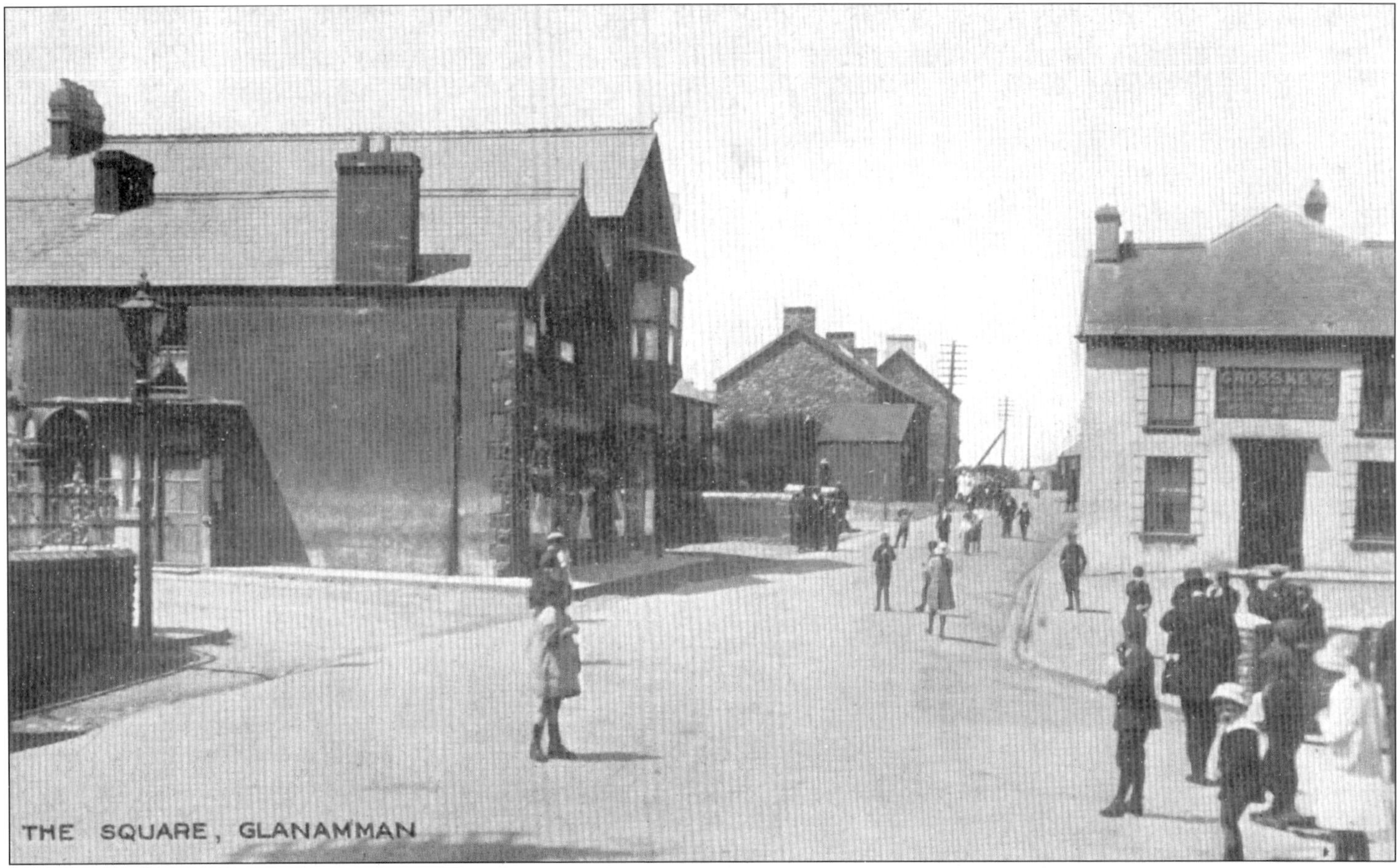

Sgwâr Glanaman ar ddiwedd y 1920au, a dim sôn am gar yn unman.

Glanamman Square during the late 1920s, and not a car in sight.

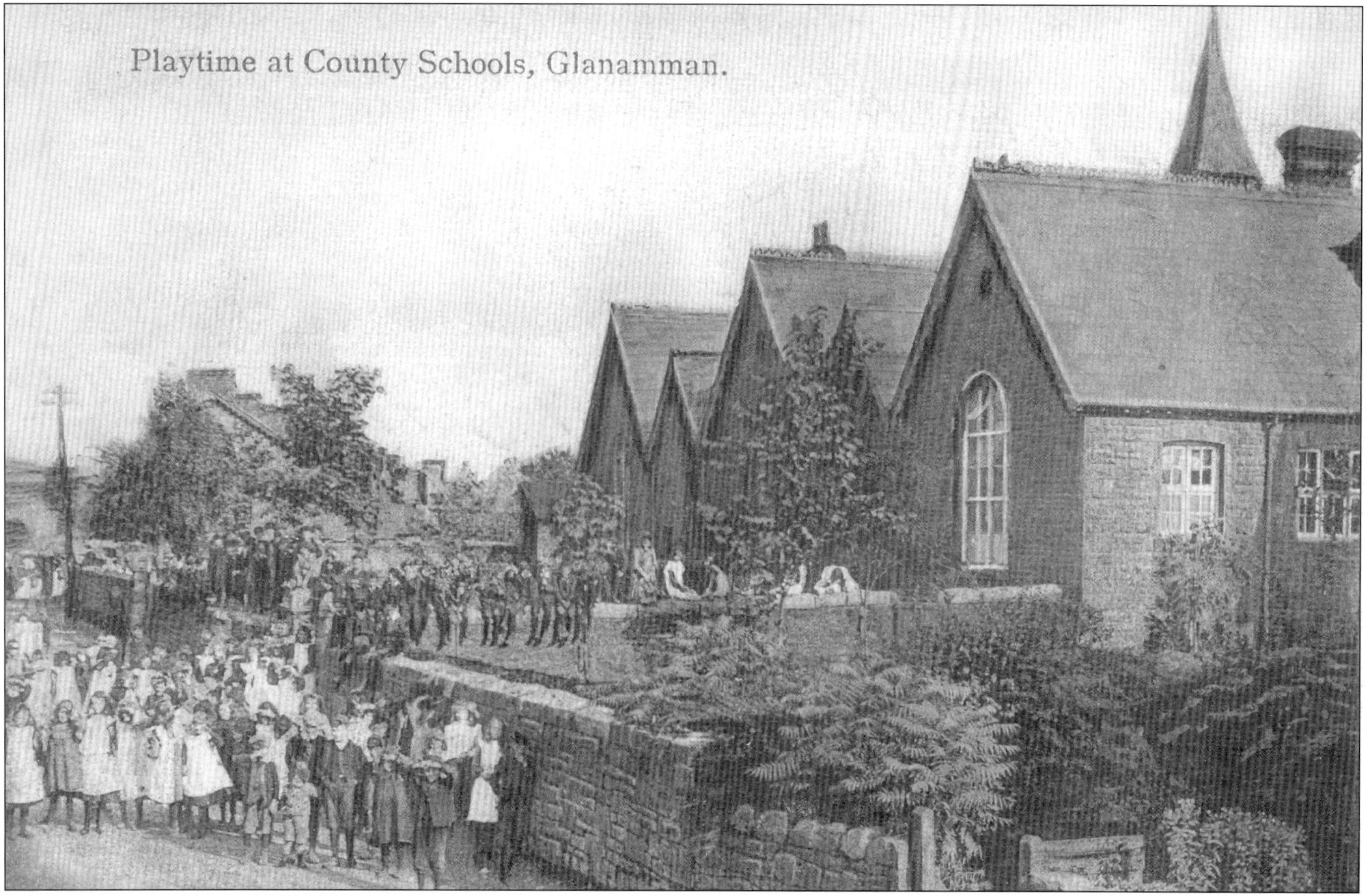

Ysgol Sir Glanaman, 1906.

Glanamman County School, 1906.

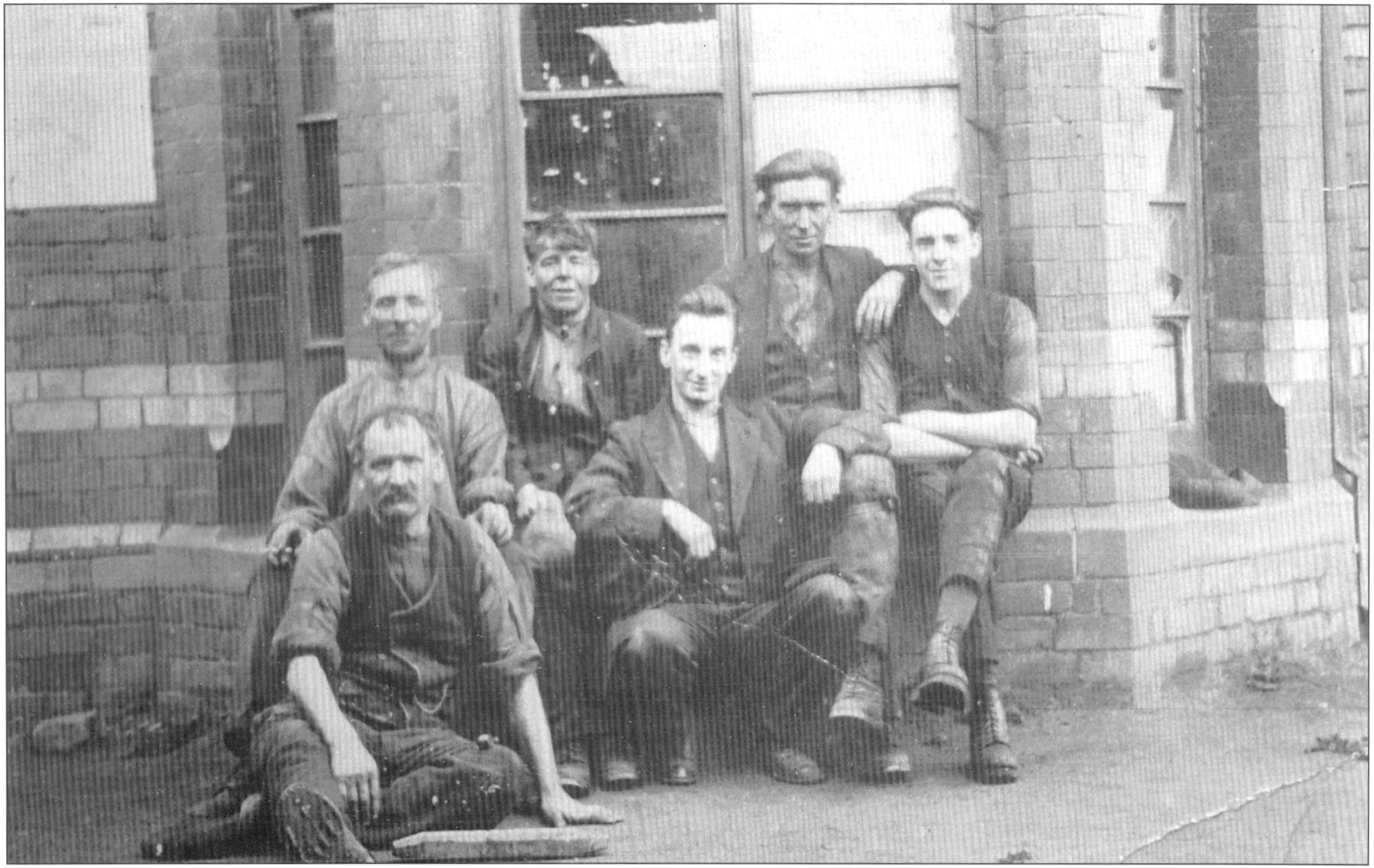

Grŵp o weithwyr wyneb y tu fas i Ystafell Lampau Gwaith Glo Gelliceidrym. Ar y pen pellaf ar y dde mae Ernie James (gŵr Madam Bessie John), a oedd yn un o arloeswyr Cymorth Cyntaf yn y Pyllau yn yr ardal.

A group of surface workers outside the Lamproom of Gelliceidrym Colliery. On the far right is Ernie James (husband of Madame Bessie John), who was a pioneer of First Aid in Mines in the area.

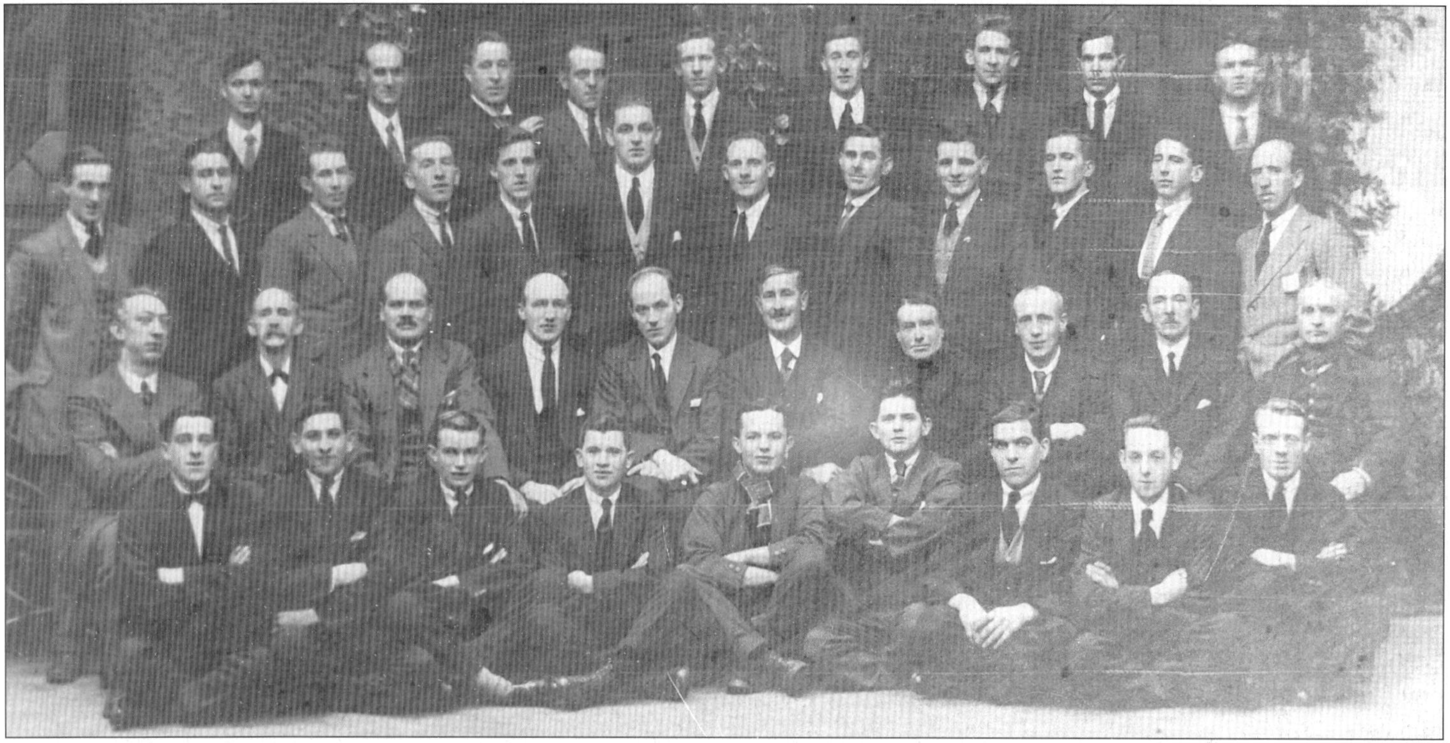

Cafwyd Harry Jones, John Davies, Phillip Isaac a Fred James, pedwar colier o Waith Glo Gelliceidrym, yn euog a'u dedfrydu i 14 diwrnod o garchar yn Llys Caerfyrddin am ymgynnull yn anghyfreithlon ac achosi terfysg yn y gwaith ar 23 Gorffennaf 1925. Fe'u rhyddhawyd am 7.45 a.m. ar fore Sadwrn, 12 Rhagfyr 1925, ac fe'u croesawyd yn frwd y tu fas i Garchar Abertawe gan nifer fawr o'u cyd-weithwyr. Ar ôl i bob un gael brecwast yng Ngwesty Mackworth aethant i Stiwdio Chapman, lle tynnwyd y llun uchod, cyn dychwelyd i'w cartrefi yn Nyffryn Aman.

Harry Jones, John Davies, Phillip Isaac and Fred James, four Gelliceidrym colliers, were found guilty and sentenced to 14 days at Carmarthen Assizes for unlawful assembly and riot at the colliery on 23 July 1925. According to a local newspaper report, "They were released at 7.45 a.m. on Saturday, 12th December 1925, and were met outside Swansea Gaol by a large number of their comrades, and given a great reception. Afterwards the whole company partook of breakfast at The Mackworth Hotel and were then taken to the Chapman Studios for the above picture before returning to their homes in the Amman Valley."

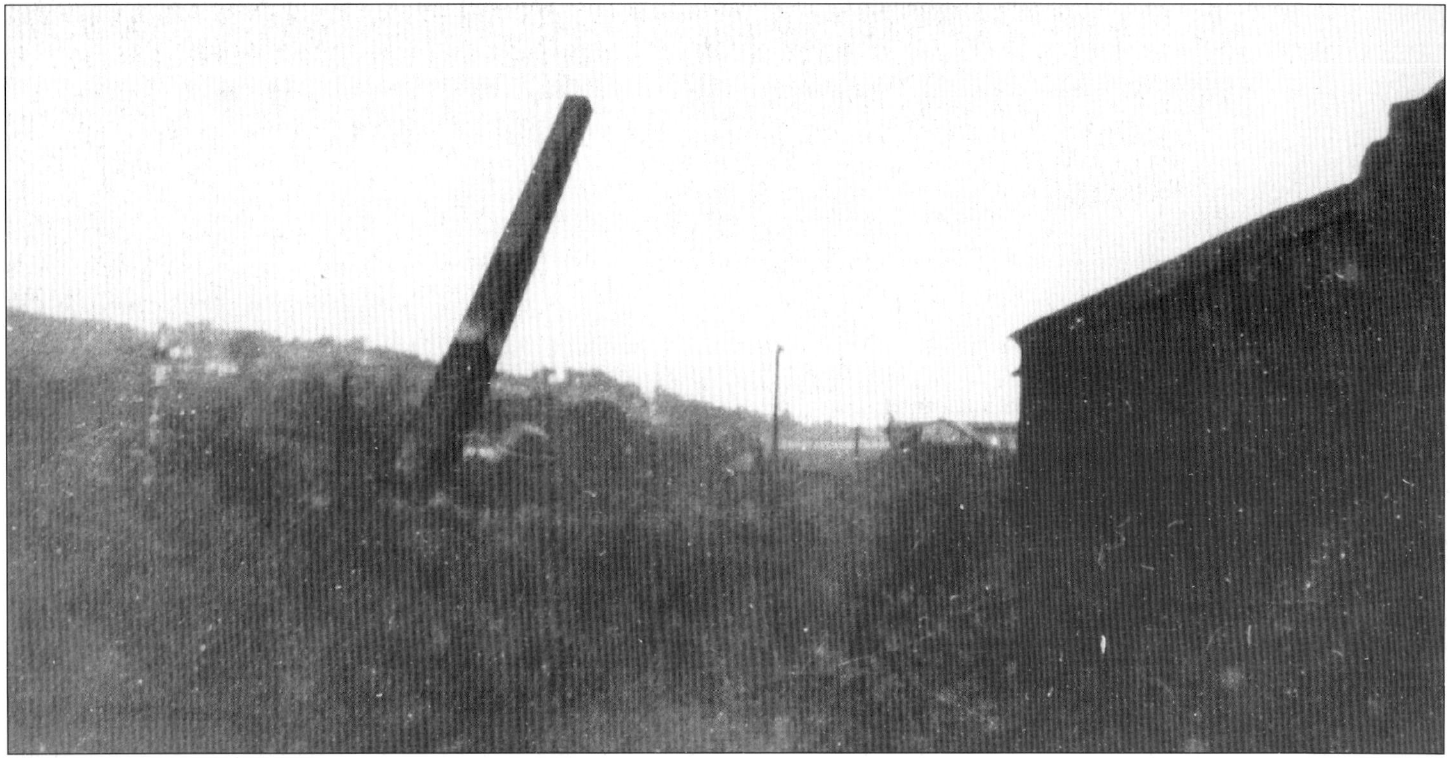

Cwympo simdde Gwaith Tun y Raven, Glanaman. Tynnwyd y llun gan y diweddar Leslie Watkins, ffotograffydd amatur a drigai yn Heol yr Orsaf, Glanaman.

The felling of the Raven Tinplate Works stack, Glanamman. The photograph was taken by the late Leslie Watkins, amateur photographer of Station Road, Glanamman.

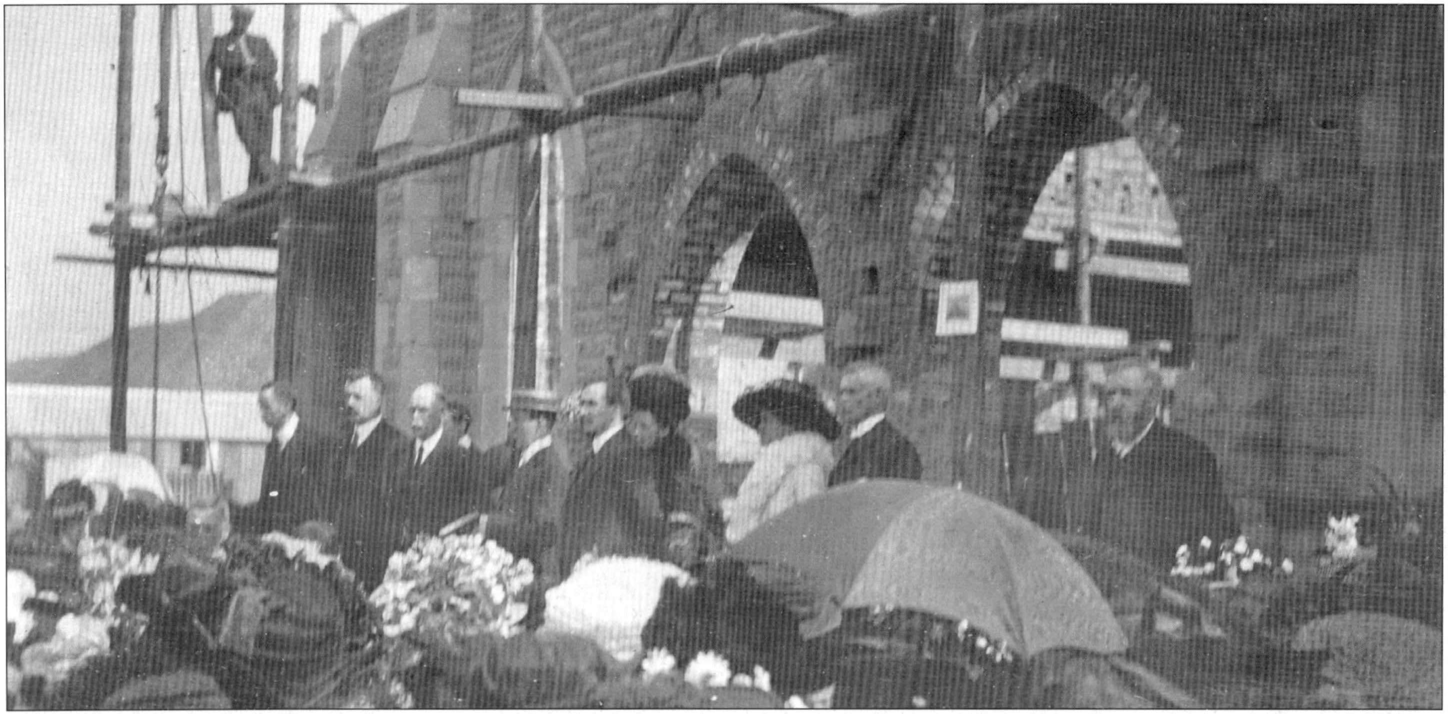

Gosod Cerrig Coffa capel Brynseion, Glanaman, 26 Mai 1910. Y Parch G. Pemar Griffiths oedd llywydd yr oedfa, a gosodwyd y meini gan Mr. Daniel Jones, Glenhurst, Glanaman, a Dr. Howell Rees Y.H. Bu Dr. Rees yn feddyg yn y dyffryn am 34 o flynyddoedd, cyn ymddeol ac ymgartrefu yng Nghaerdydd. Ym marn trigolion y fro roedd yn 'everybody's Doctor . . . an influence which moulded the progress of the populous district . . . an old benefactor.' Codwyd y capel yn y dull Gothig gan ddefnyddio meini o Fforest y Ddena. Cynlluniwyd yr adeilad gan Henry Herbert Y.H., Brynmarlais, Rhydaman, ac fe'i hadeiladwyd gan William Evans, Rhydaman. Costiodd y gwaith £4,784 (heb gynnwys yr organ).

Laying Memorial Stones at Brynseion chapel, Glanamman, 26 May 1910. The Rev. G. Pemar Griffiths presided at the ceremony and the stones were laid by Mr. Daniel Jones, Glenhurst, Glanamman and Dr. Howell Rees J.P. Dr Rees, before retiring to Cardiff, had been a doctor in the valley for 34 years and was described as '. . . everybody's Doctor . . . an influence which moulded the progress of the populous district . . . an old benefactor.' The chapel, dressed with stones from the Forest of Dean, was built in the Gothic style according to plans and specifications prepared by Henry Herbert J.P., Brynmarlais, Ammanford. The work cost £4,784 (exclusive of organ) and was carried out by William Evans, Builder, Ammanford.

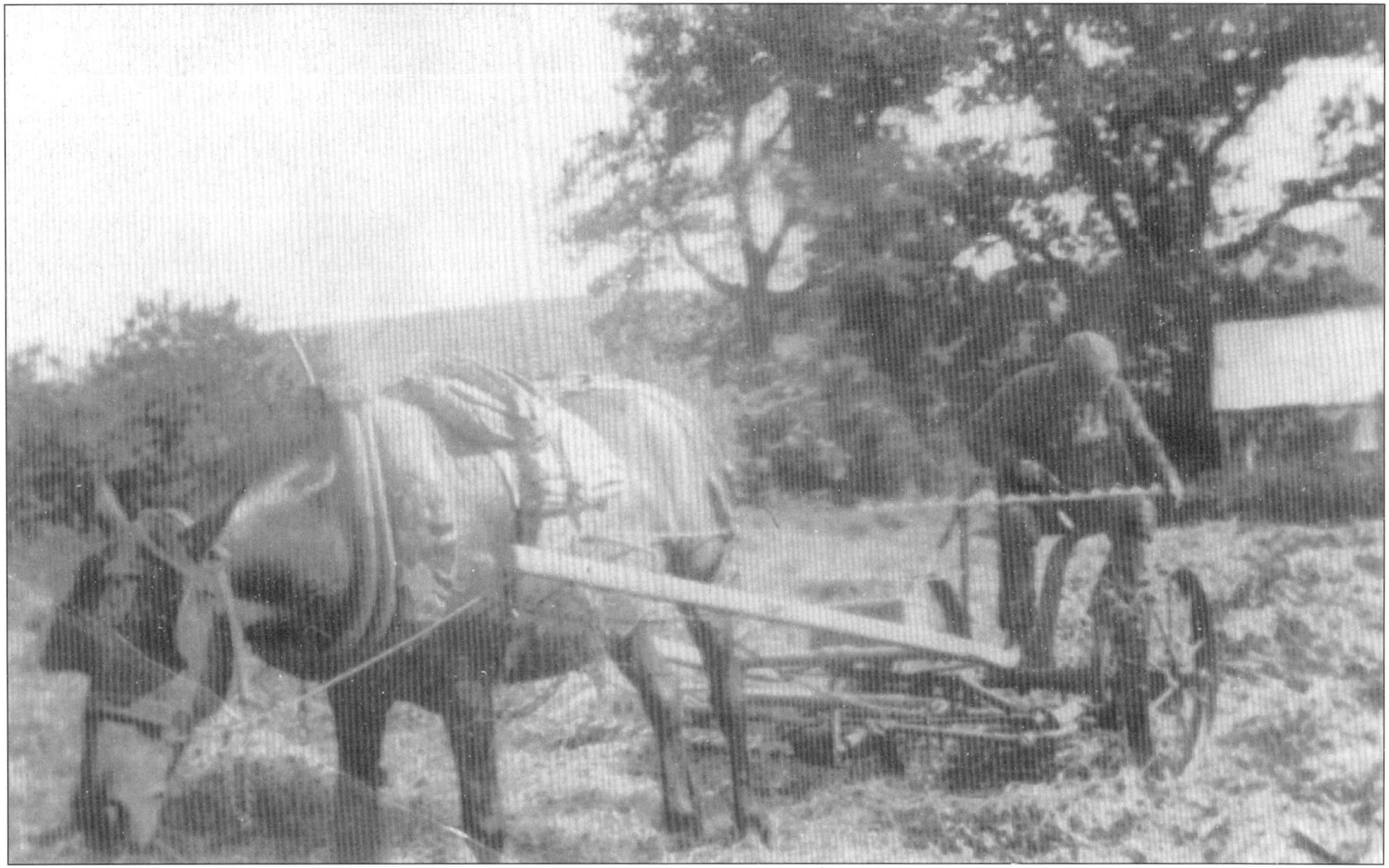

Lewis Lewis, tad-cu'r awdur, yn lladd gwair ar Fferm Tir-y-coed, Glanaman, tua diwedd y 1920au.

Lewis Lewis, the author's grandfather, cutting hay on Tir-y-coed Farm, Glanamman, in the late 1920s.

Y Parchedig Jenkin Lewis ym mhulpud Capel Bethania, Glanaman yn 1953, lle bu'n fugail rhwng 1928 a 1964.

The Reverend Jenkin Lewis in the pulpit of Bethania Chapel, Glanamman in 1953, where he was a minister between 1928 and 1964.

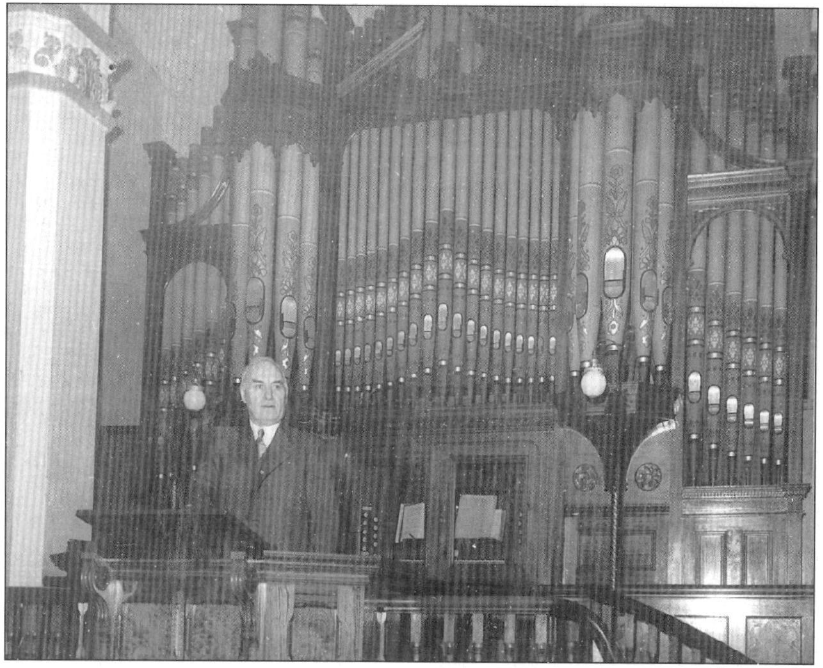

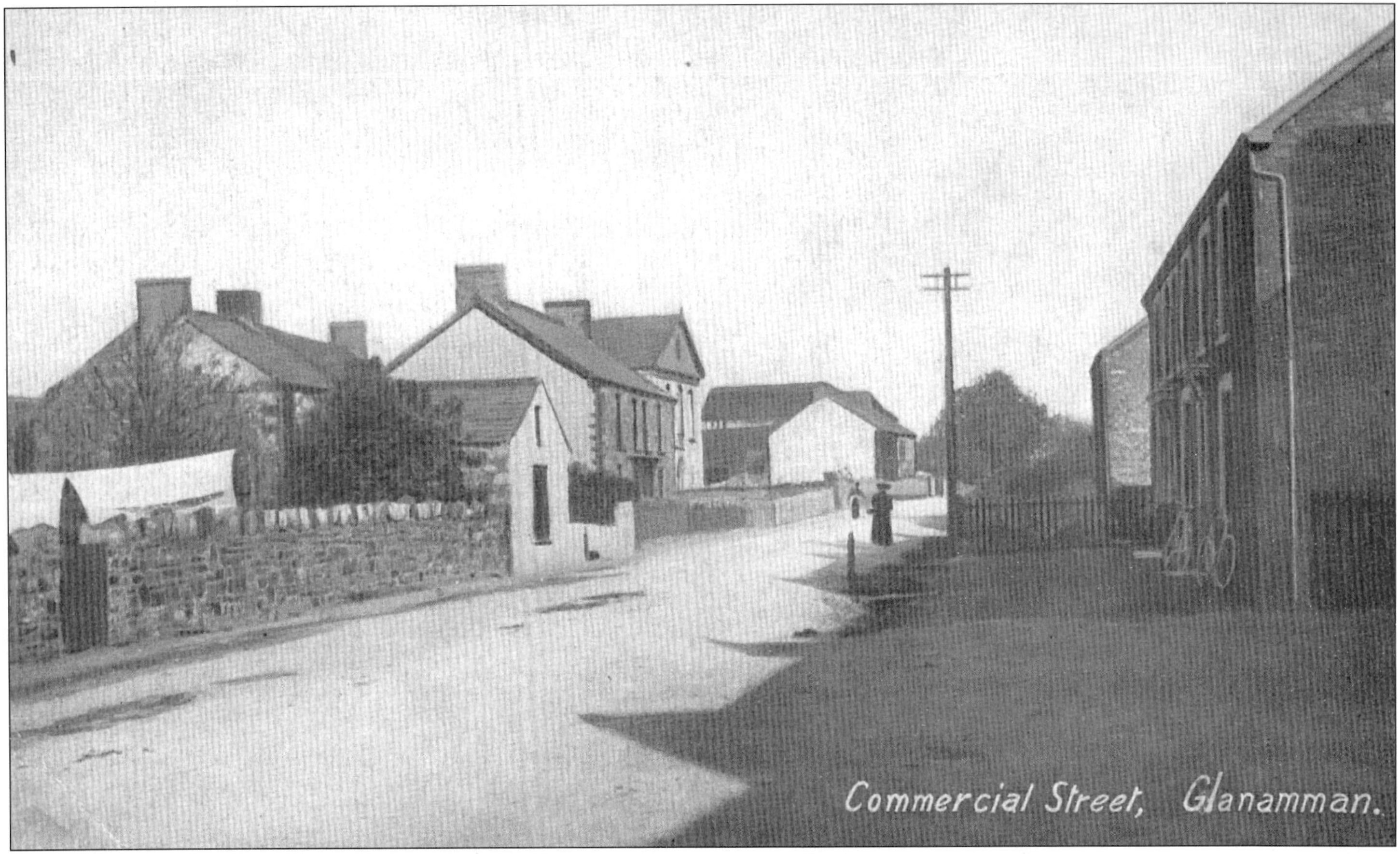

Commercial Street, Glanaman, ond nid oes siop i'w gweld yn unman! Yn y cefndir, uwchben toeau'r tai, gellir gweld sgriniau Gwaith Glo Gelliceidrym.

Commercial Street, Glanamman, and not a shop in sight! In the background, above the rooftops, are the screens of Gelliceidrym Colliery.

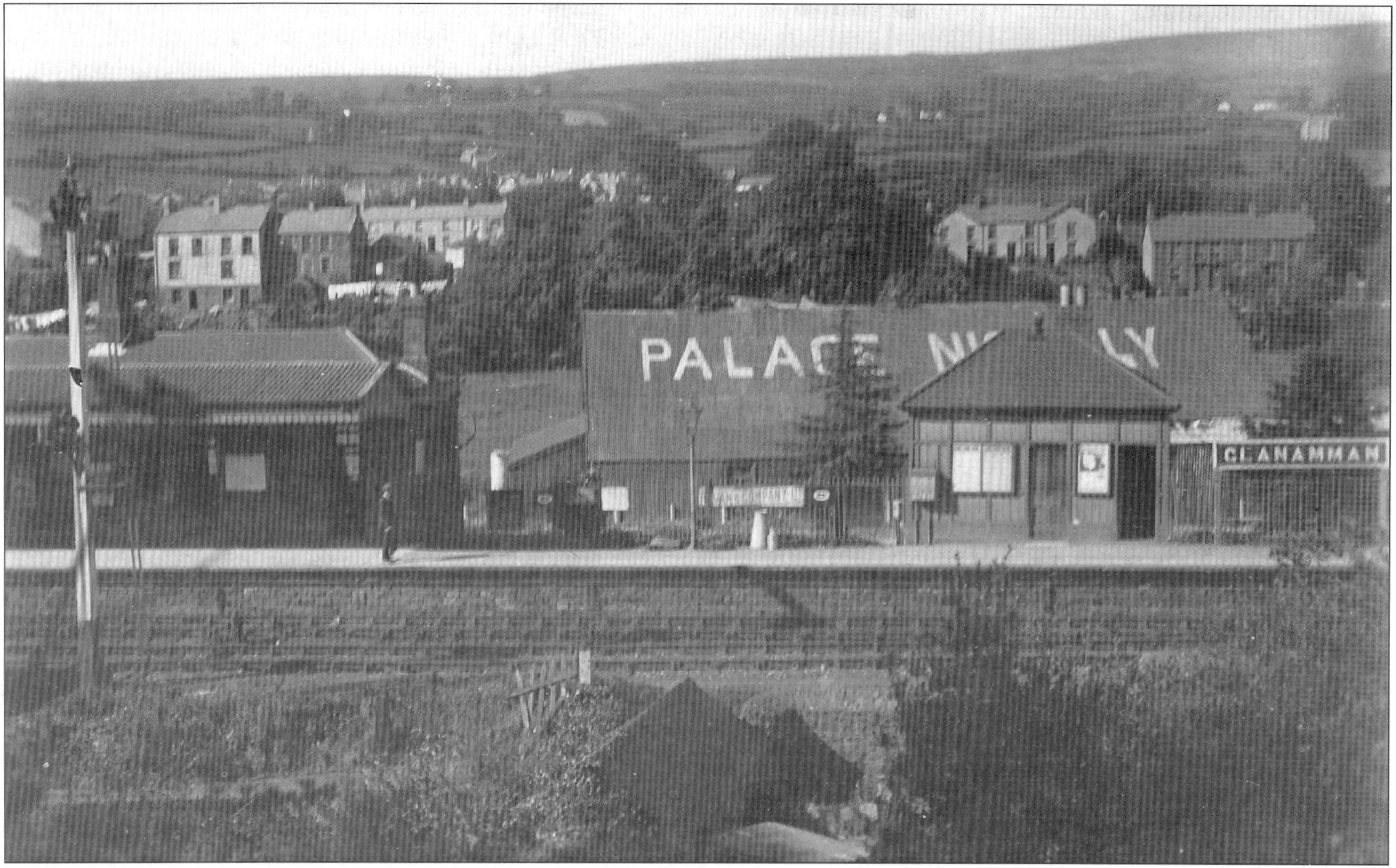

Gorsaf Glanaman a Sinema'r Palace (a elwid yn Sioe Sam). Defnyddiwyd yr adeilad yn wreiddiol fel canolfan rhôl-sglefrio cyn iddo gael ei drawsnewid yn 'ddarlundy' yn y 1920au. Fe ddangoswyd y ffilm lafar gyntaf ar 2 Chwefror 1931.

Glanamman Station and the Palace Cinema (known affectionately as 'Sioe Sam'). The cinema was originally a roller-skating rink before being converted to 'pictures' in the 1920s. 'Talking pictures' were first screened on 2 February 1931.

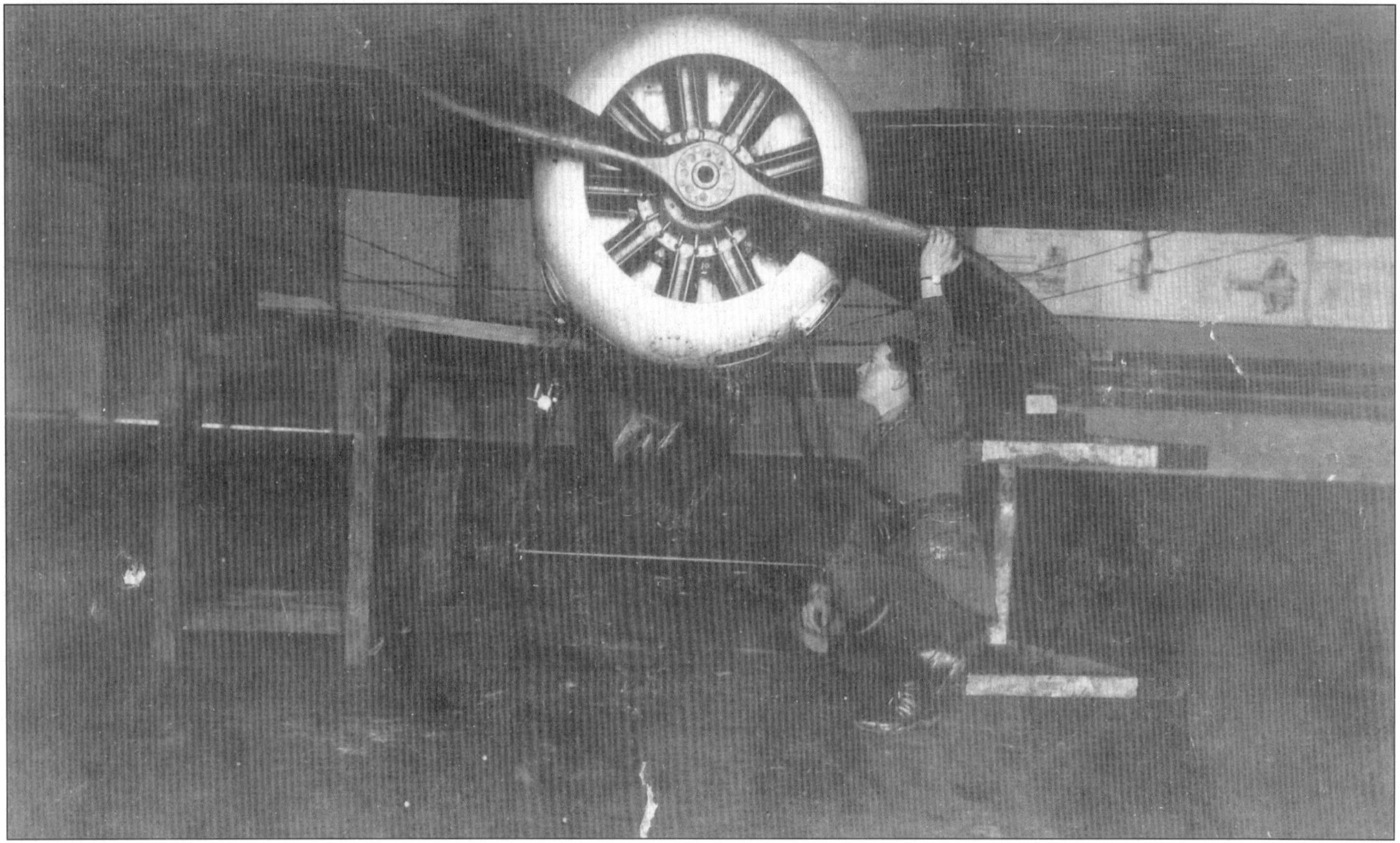

David John Lewis, Ffarm Tir-y-coed—ewythr yr awdur—a oedd yn beilot yn y Rhyfel Byd Cyntaf, yn sefyll o flaen ei awyren 'Bristol Monoplane' yn Ionawr 1919.

David John Lewis, Tir-y-coed Farm—the author's uncle—who was a pilot during the First World War, posing in front of his Bristol Monoplane in January 1919.

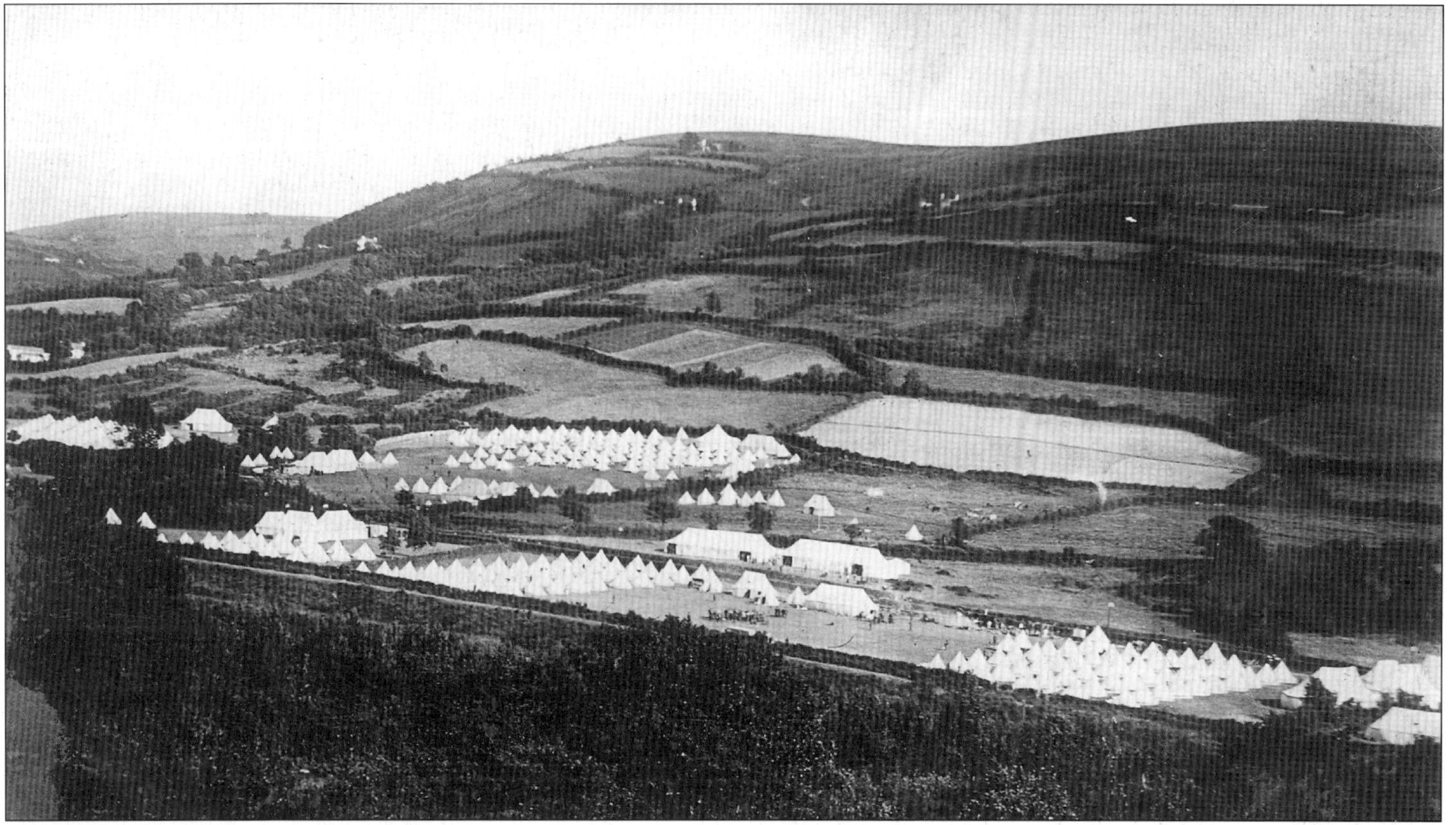

Y Frigâd Gymreig yng Ngwersyll Byddin y Tiriogaethwyr Cymreig ar wastadedd Glyn-moch yn 1909. Yr *aide-de-camp* oedd y Cyrnol Banfield. Yn y gwersyll roedd Tiriogaethwyr Rhydaman dan arweiniad yr Is-gapten Joshua Lloyd, Hillside.

The Welsh Brigade at the Welsh Territorial Army Camp on Glyn-moch Flats in 1909. The *aide-de-camp* was Colonel Banfield. In the camp the Ammanford Territorials were commanded by Lieutenant Joshua Lloyd, Hillside.

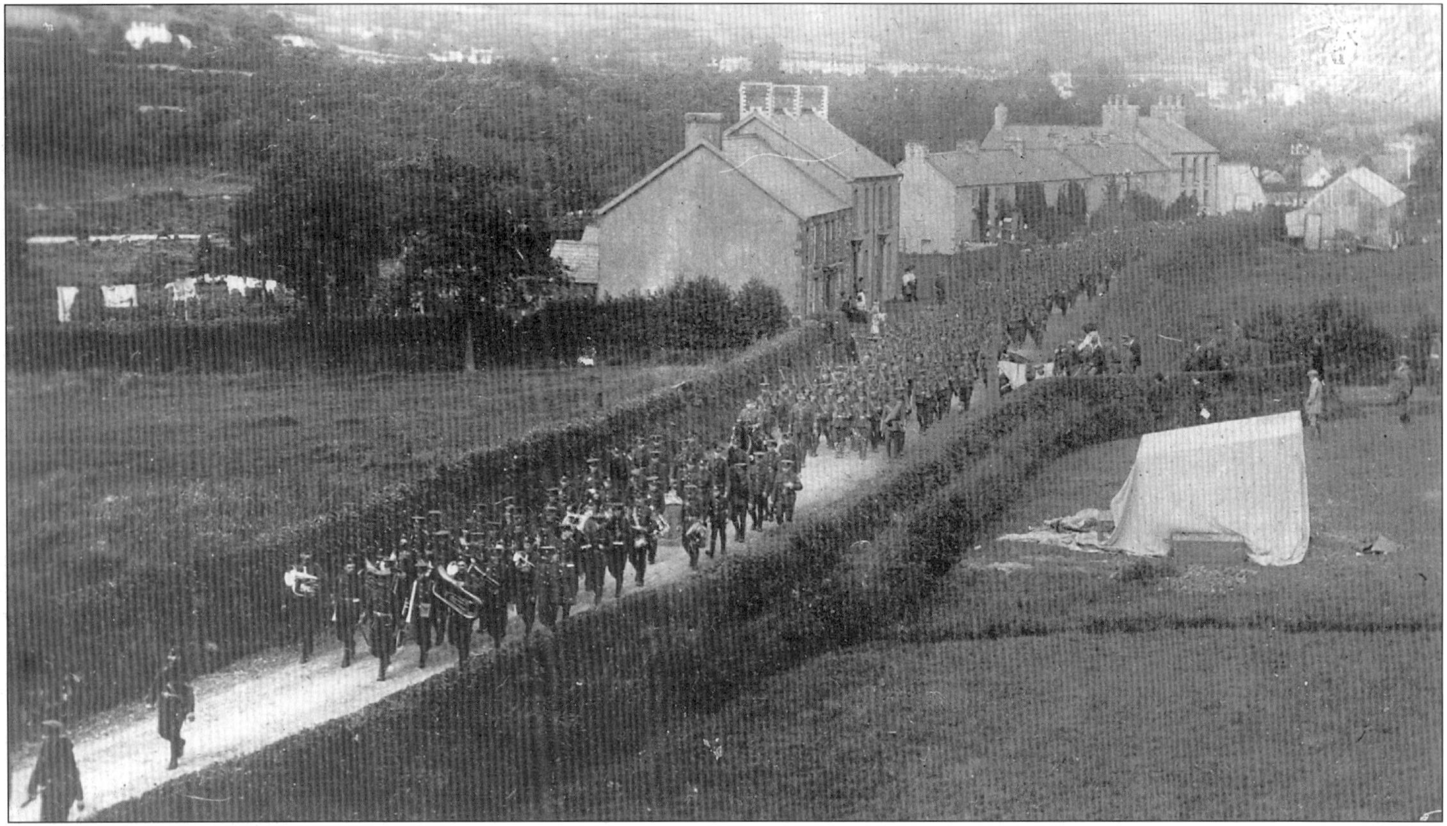

Y milwyr yn gorymdeithio'n ôl i'r gwersyll, trwy Glyn-moch, ar ôl ymdaith hyfforddi, 1909.

The men marching back to camp through Glyn-moch, after a route march in 1909.

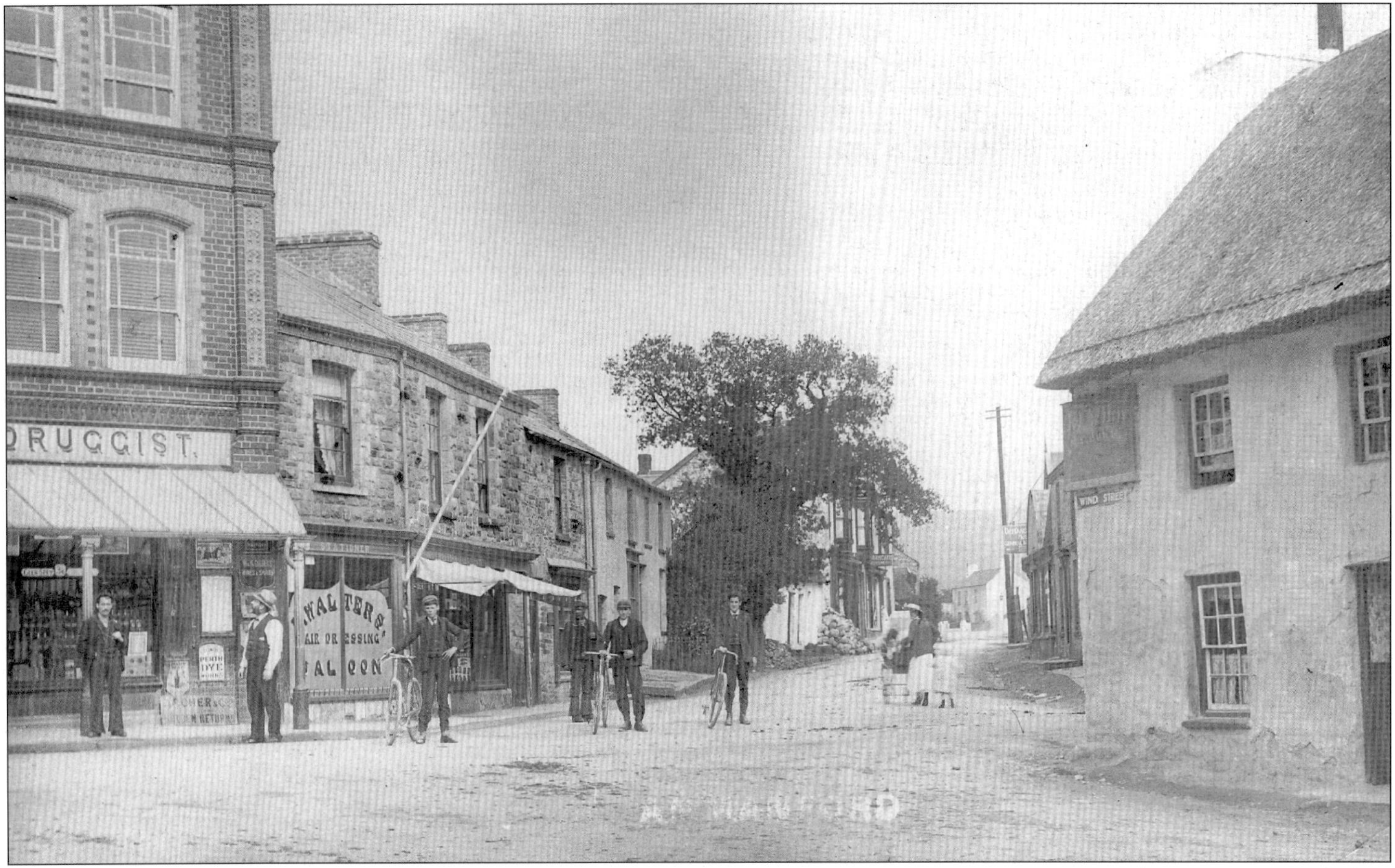

Sgwâr Rhydaman a'r New Inn, 1905.

Ammanford Square and the New Inn, 1905.

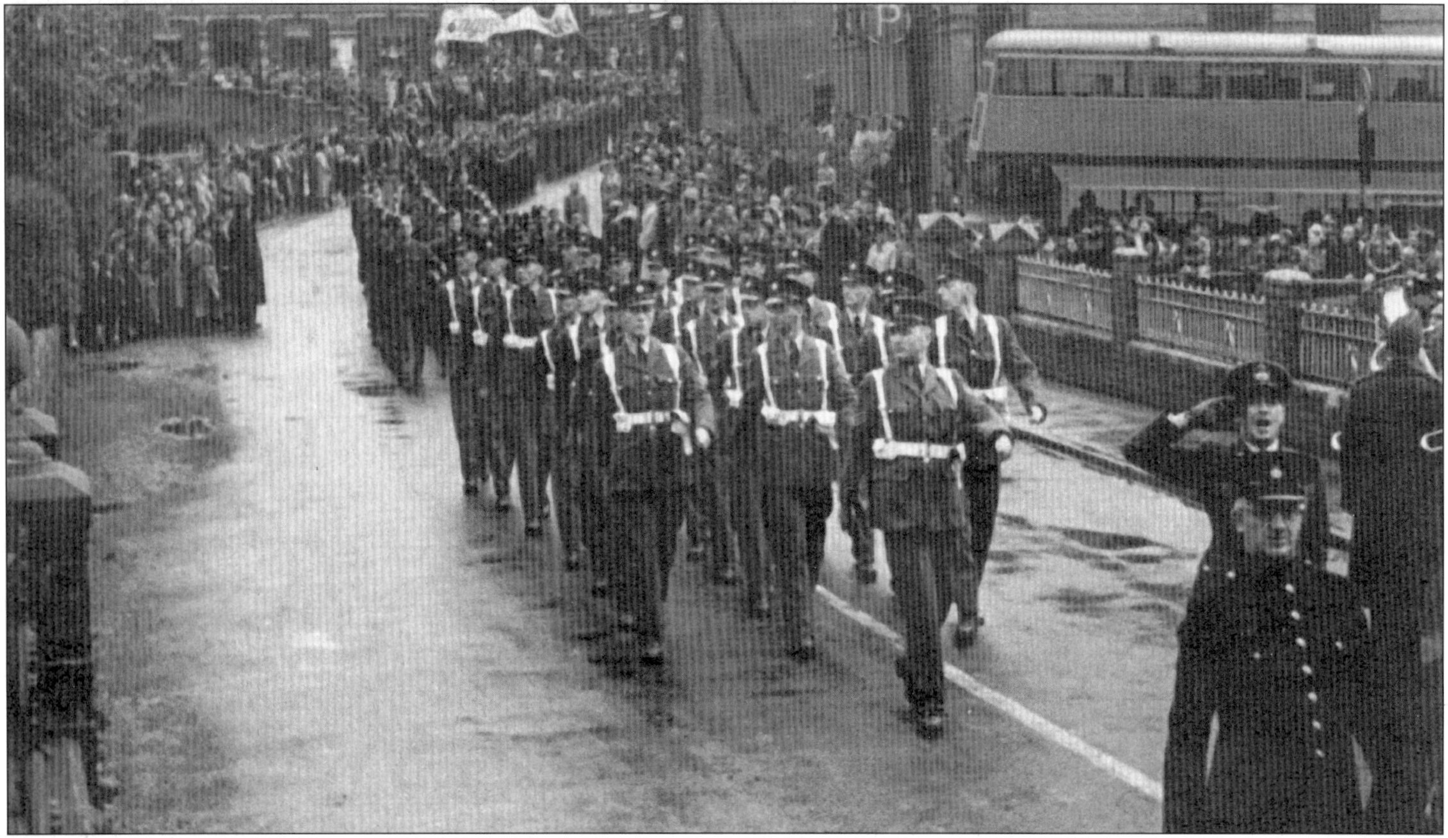

Efallai y bydd rhai yn cofio'r orymdaith 'Wings for Victory' hon a gynhaliwyd yn Rhydaman ar 22 Mai 1943.

Perhaps some will remember this Ammanford 'Wings for Victory' Parade on 22 May 1943.

Pencampwyr Bocsio Cymru yng nghwmni Johnny Vaughan, eu hathro/rheolwr, tua 1930.

Welsh Boxing Champions with Johnny Vaughan, their mentor/manager, *c.* 1930.

Yn eistedd, chwith i'r dde / Seated, left to right:
Ginger Jones a Bill Quinlen.

Yn sefyll, chwith i'r dde / Standing, left to right:
Danny Evans a Randy Jones

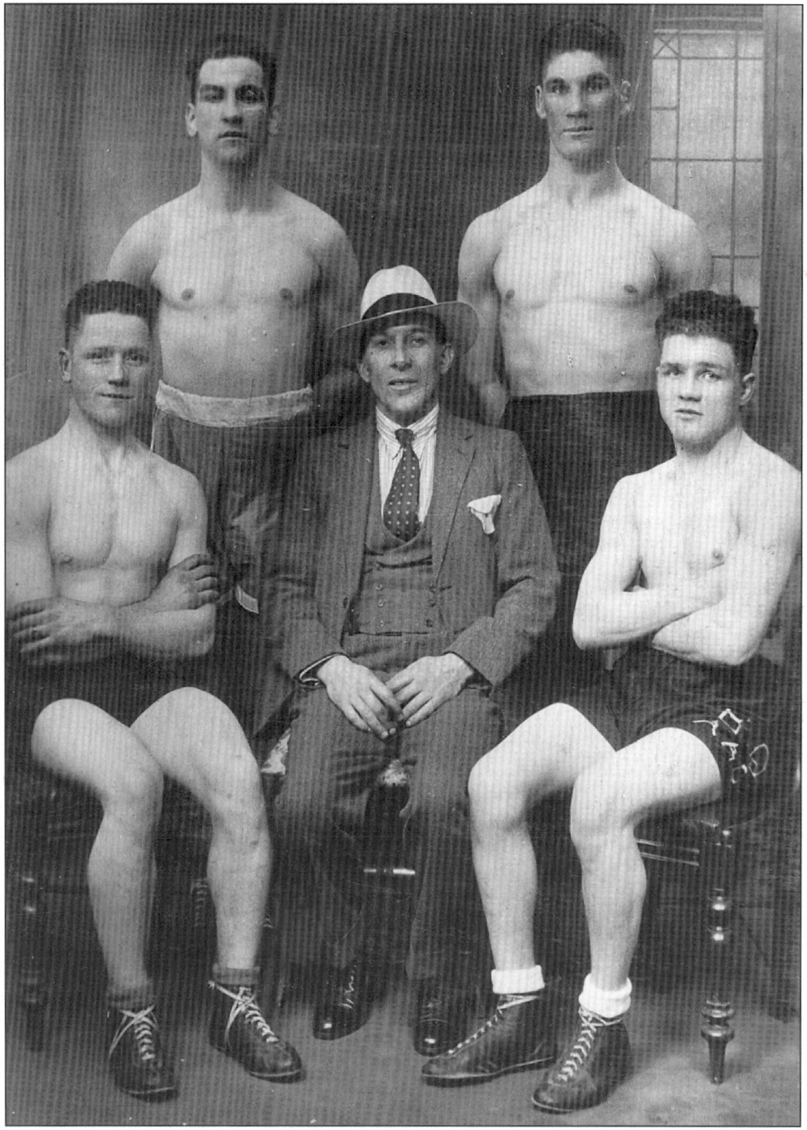

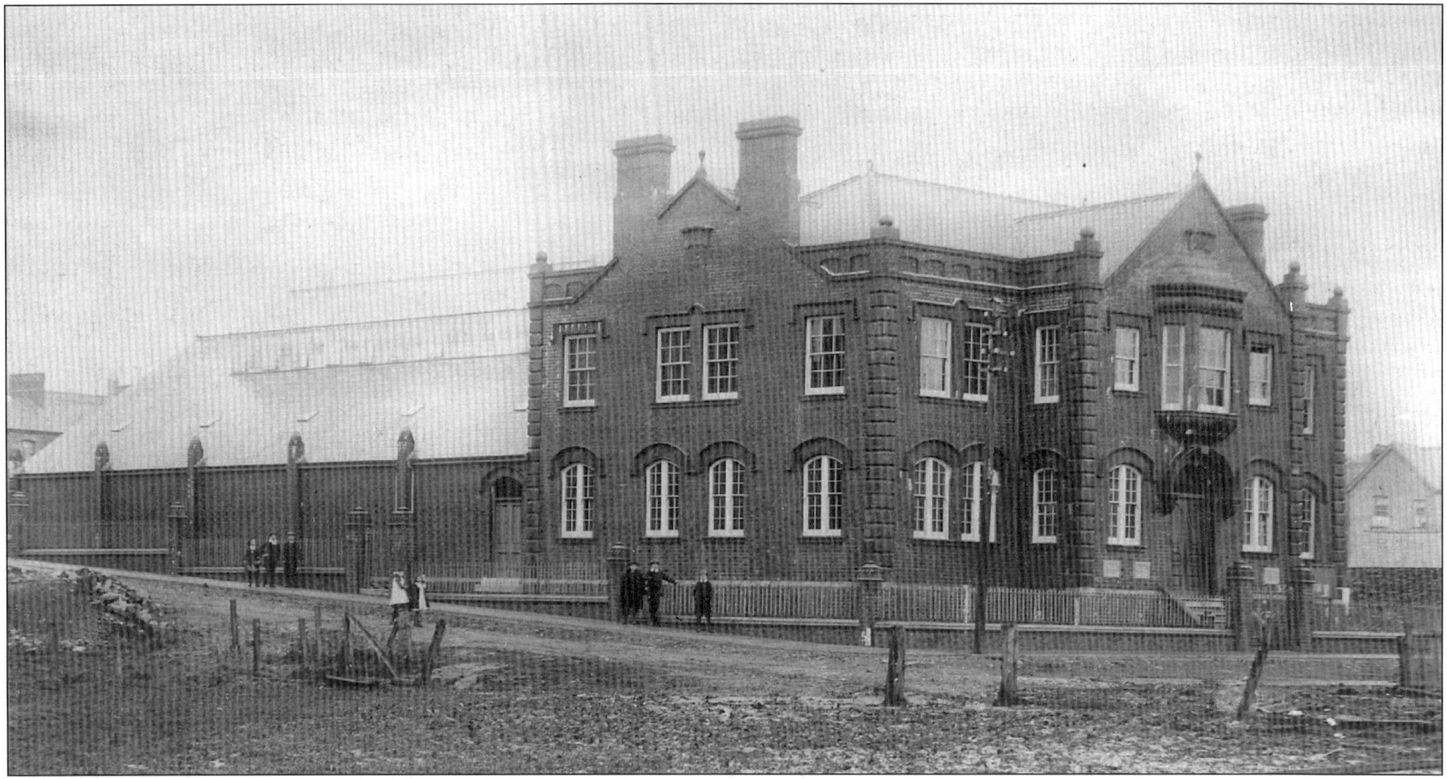

YMCA Rhydaman a agorwyd yn 1910. Yn 1929 daeth yn gartref i Athrofa Dechnegol a Glofaol Rhydaman, a ymsefydlodd maes o law ar gampws newydd yn Nhir-y-dail, a agorwyd ar 1 Ebrill 1955.

Ammanford YMCA which opened in 1910. In 1929 it became the Ammanford Mining and Technical Institute, and subsequently transferred its activities to the new campus at Tir-y-dail, which opened on 1 April 1955.

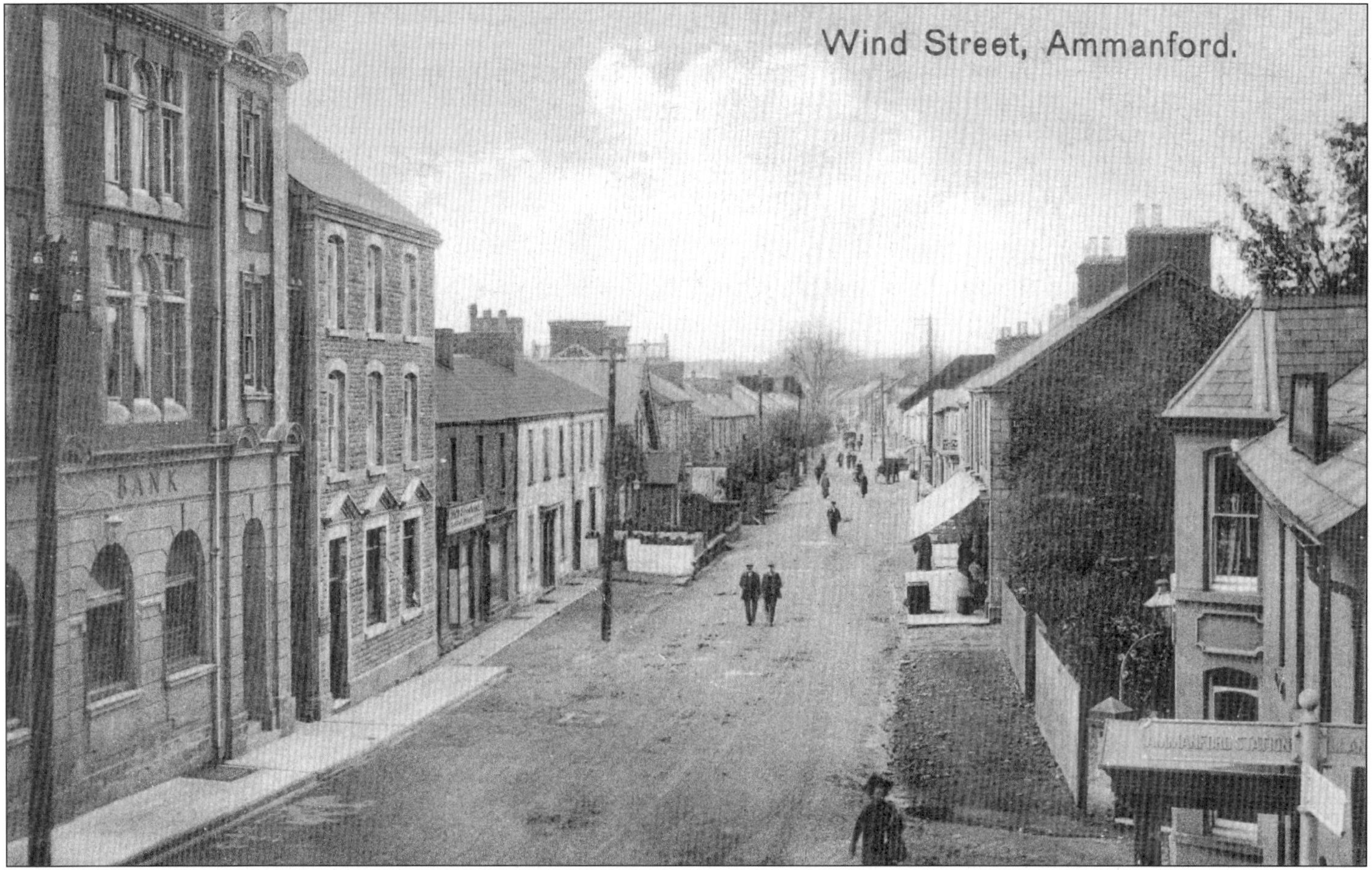

Stryd y Gwynt, Rhydaman, tua 1920.

Wind Street, Ammanford, *c.* 1920.

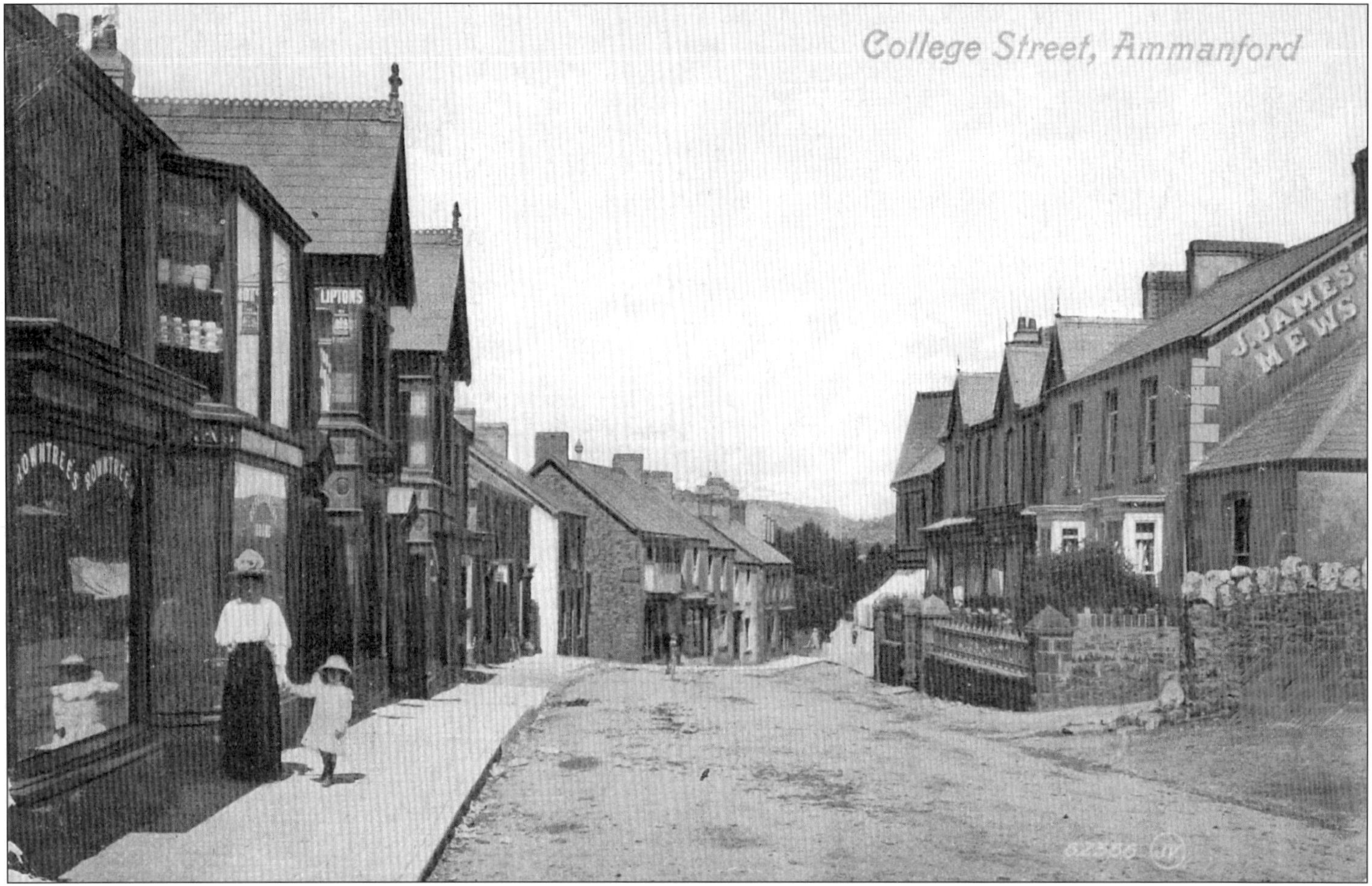

Cerdyn post o Stryd y Coleg, dyddiedig 1913. Mae'r hysbyseb ar y wal yn cyfeirio at J. James's Mews, a ddaeth yn ddiweddarach yn Orsaf Bysiau James.

A postcard of College Street dated 1913. The notice on the wall refers to J. James's Mews, which later became the James Bus Depot.

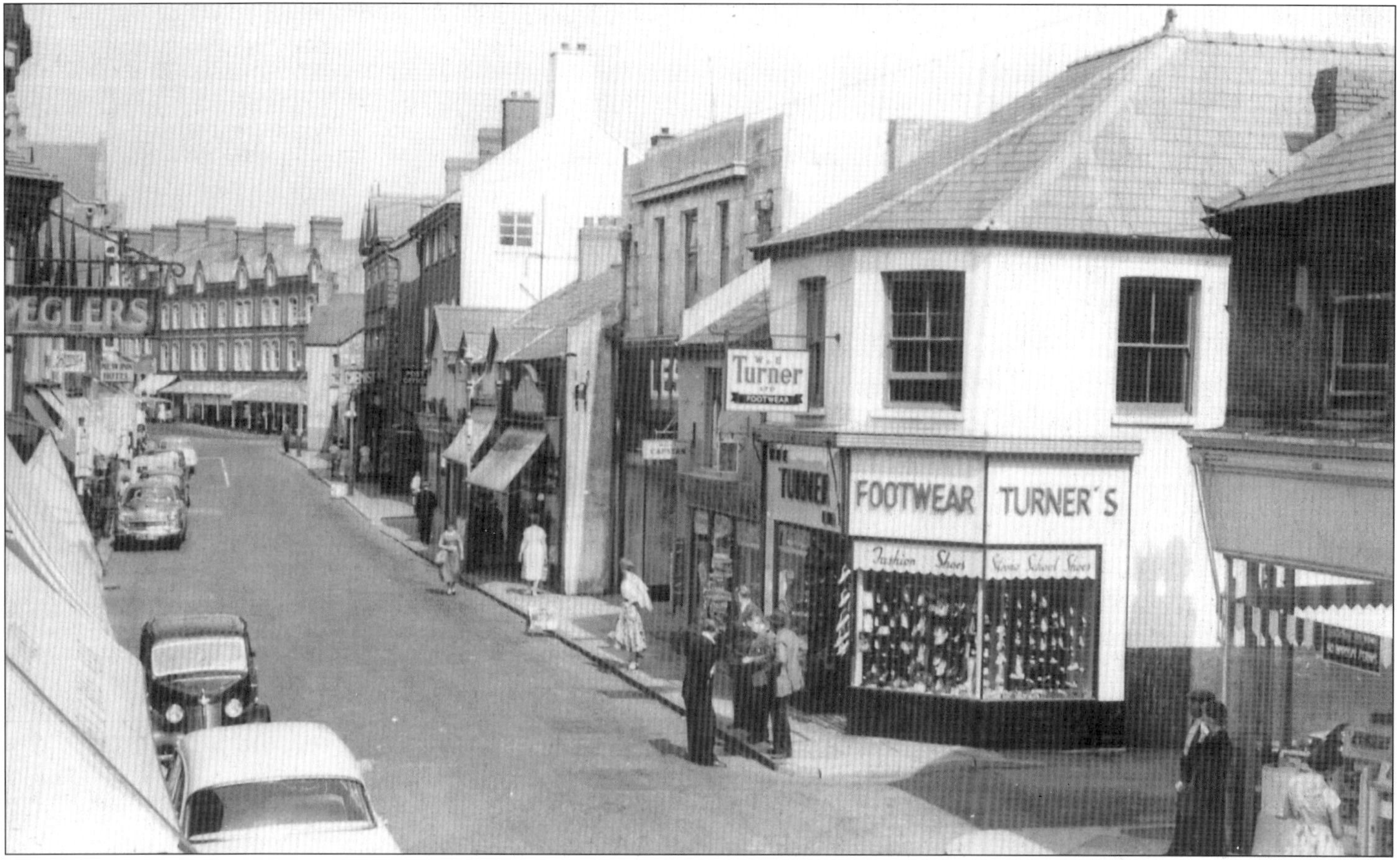

Llun a dynnwyd yn 1950 o Stryd y Cei, Rhydaman. Ydych chi'n cofio Leslie's Stores lle saif Woolworth yn awr?

Quay Street, Ammanford, 1950. Do you remember Leslie's Stores where Woolworth's is now situated?

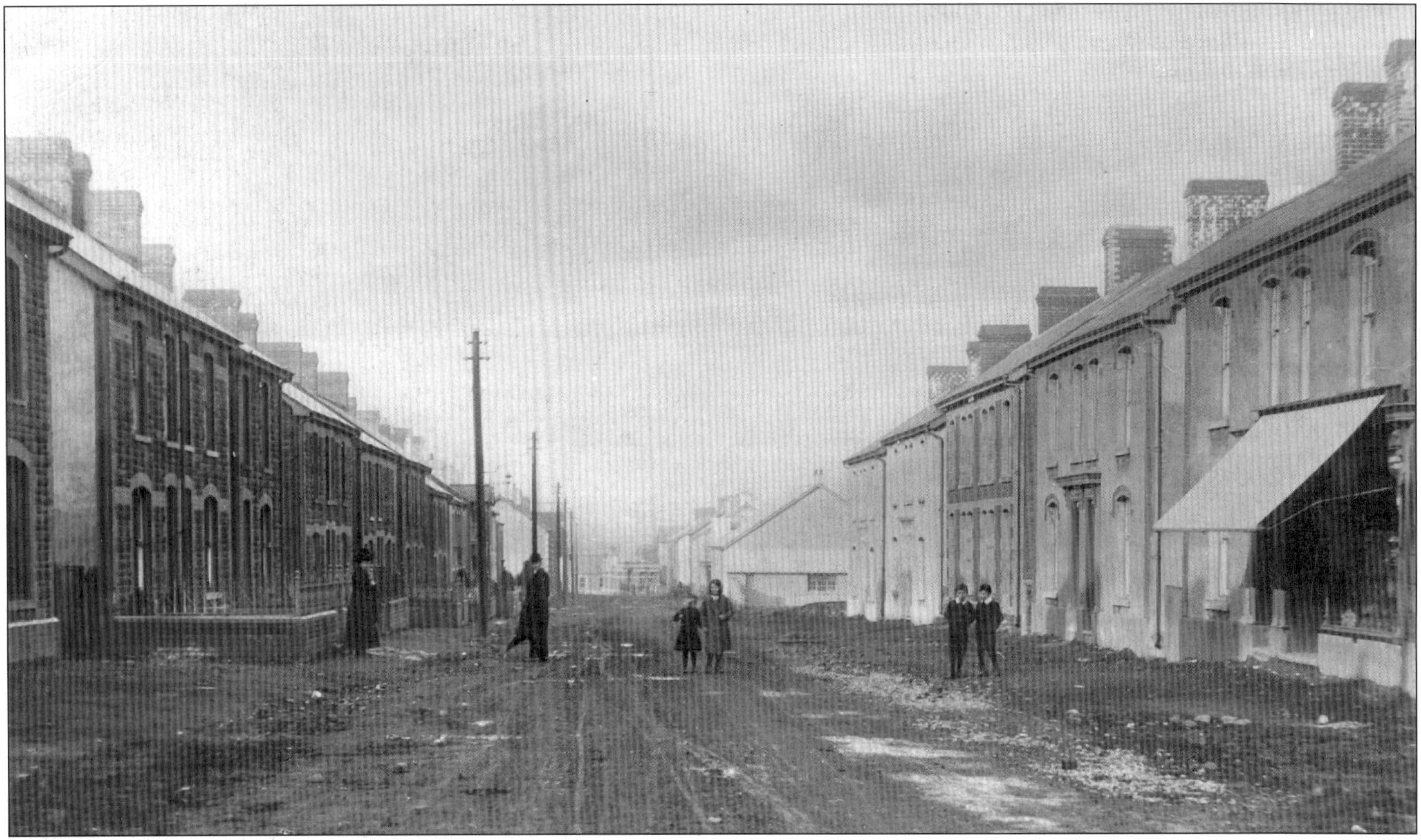

Stryd Marged, Rhydaman, tua 1913.

Margaret Street, Ammanford, *c.* 1913.

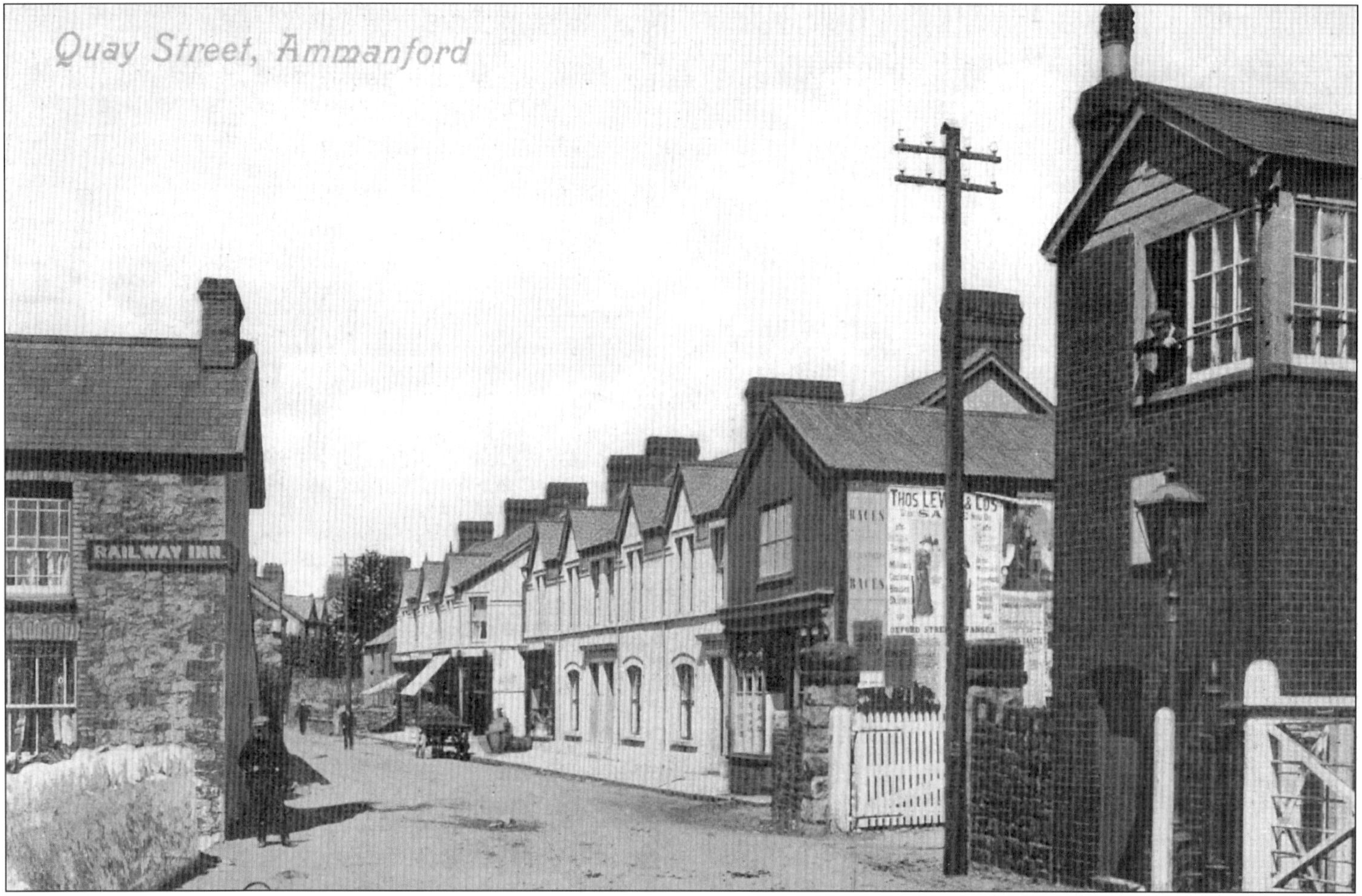

Caban signalau gorsaf Rhydaman, tua 1912.

Ammanford station signal box, *c.* 1912.

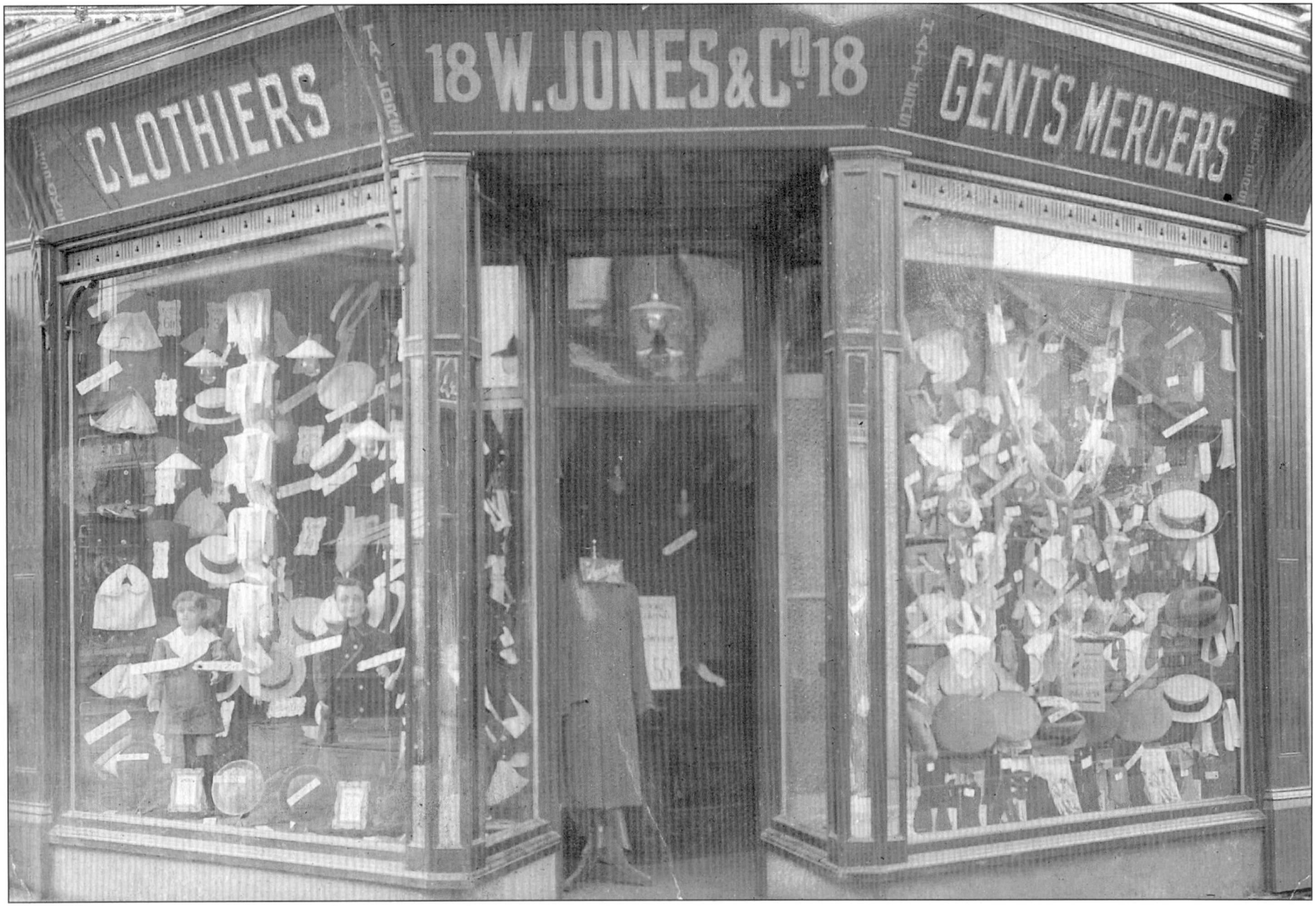

W. Jones & Co., 'Gent's Mercers and Clothiers', 18 Stryd y Cei, Rhydaman, tua 1916.

W. Jones & Co., 'Gent's Mercers and Clothiers', 18 Quay Street, Ammanford, *c.* 1916.

Bell Stores, Rhydaman, bellach y Siop Fetio, Stryd y Cei.

Bell Stores, Ammanford, now the Betting Shop, Quay Street.

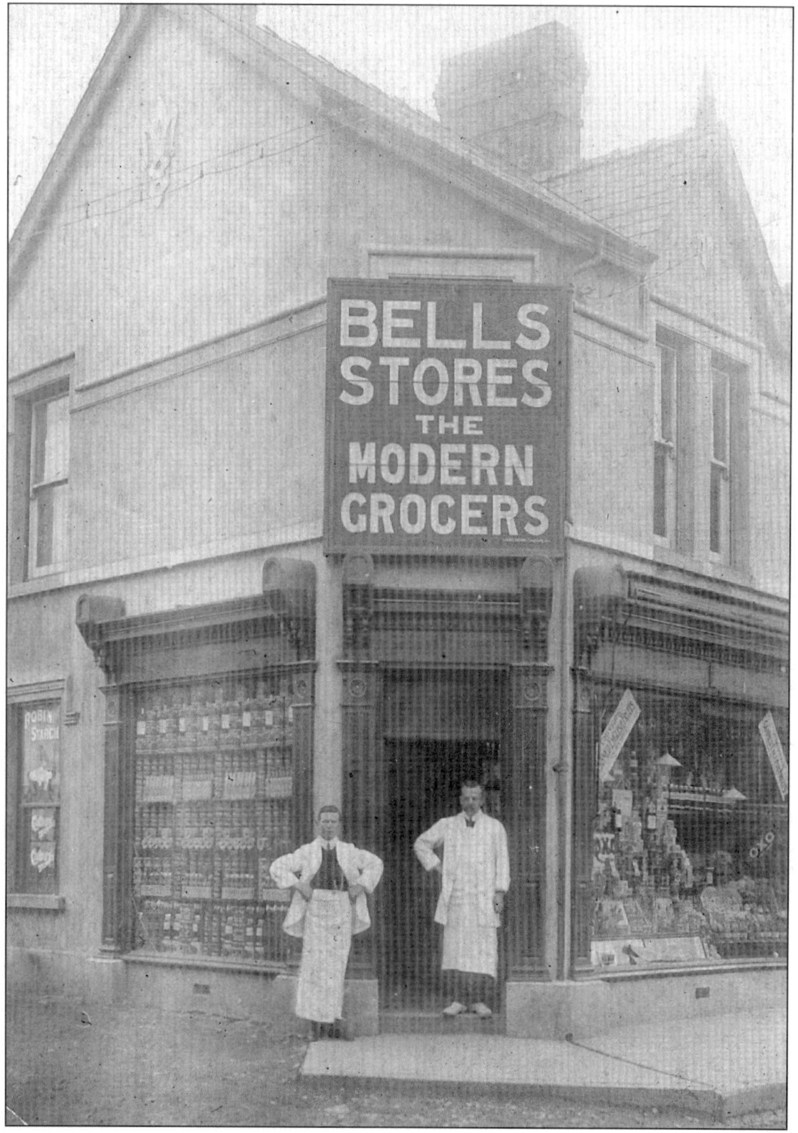

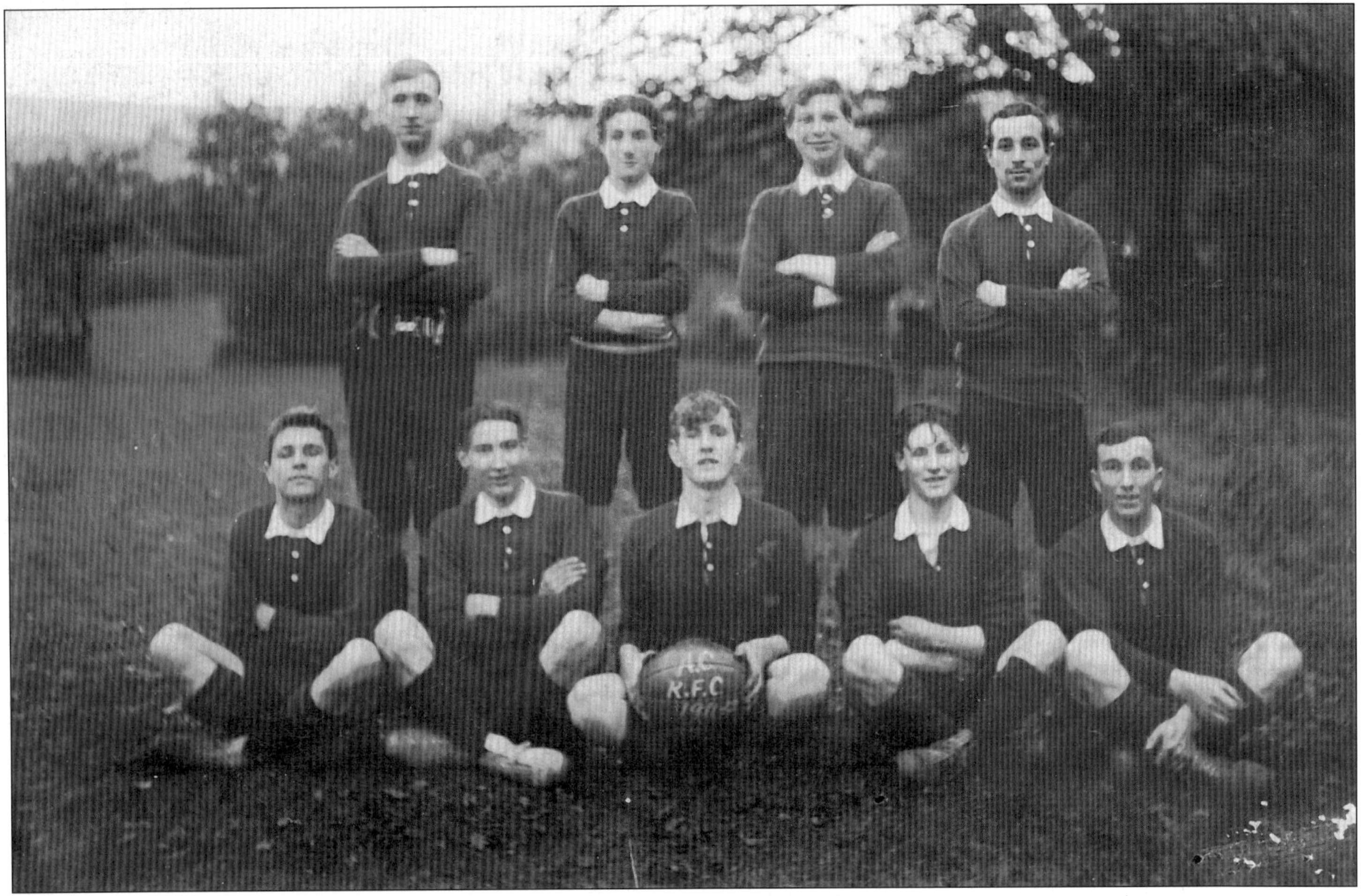

Mae'r neges ar gefn y cerdyn yn darllen:
The message on the back of the card reads:

'. . . a few of the Ammanford Football team of last years.'

Y dyddiad ar y bêl yw 1911-12.

The date on the ball is 1911-12.

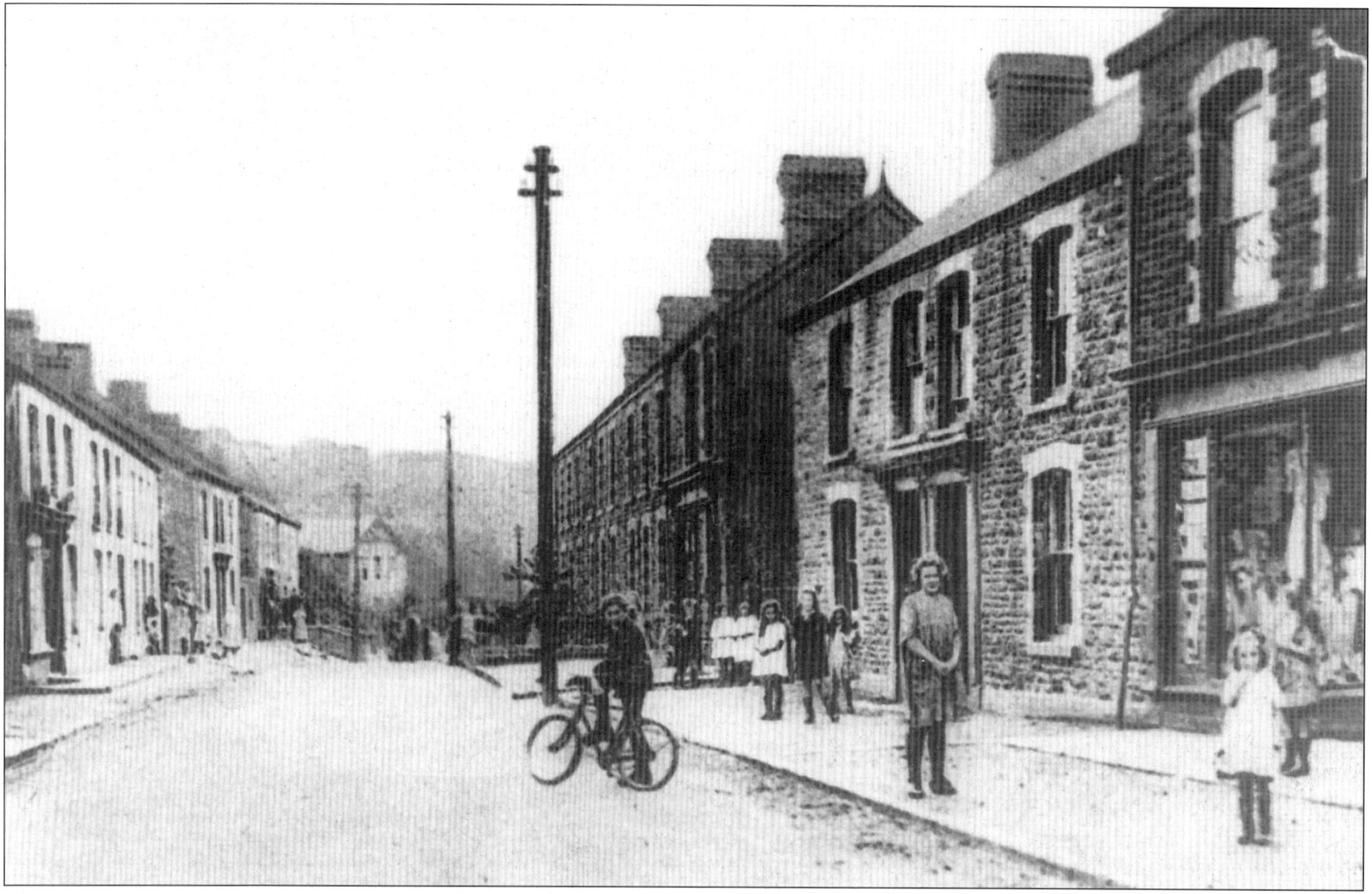

Rhan isaf Heol y Cyrnol, Y Betws, tua diwedd y 1920au.

Lower part of Colonel Road, Betws, in the late 1920s.

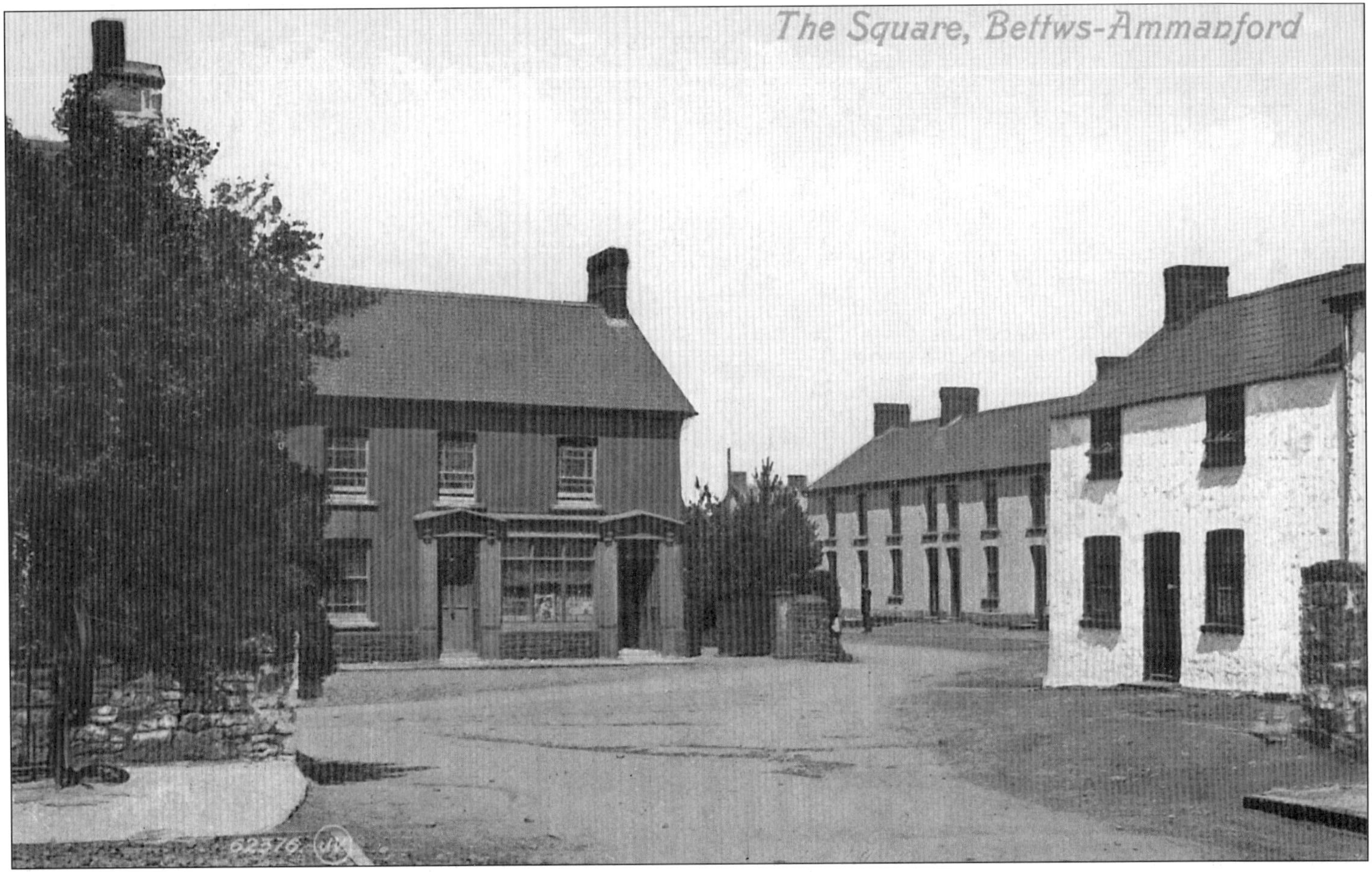

Sgwâr y Betws, 1909.

Betws Square, 1909.

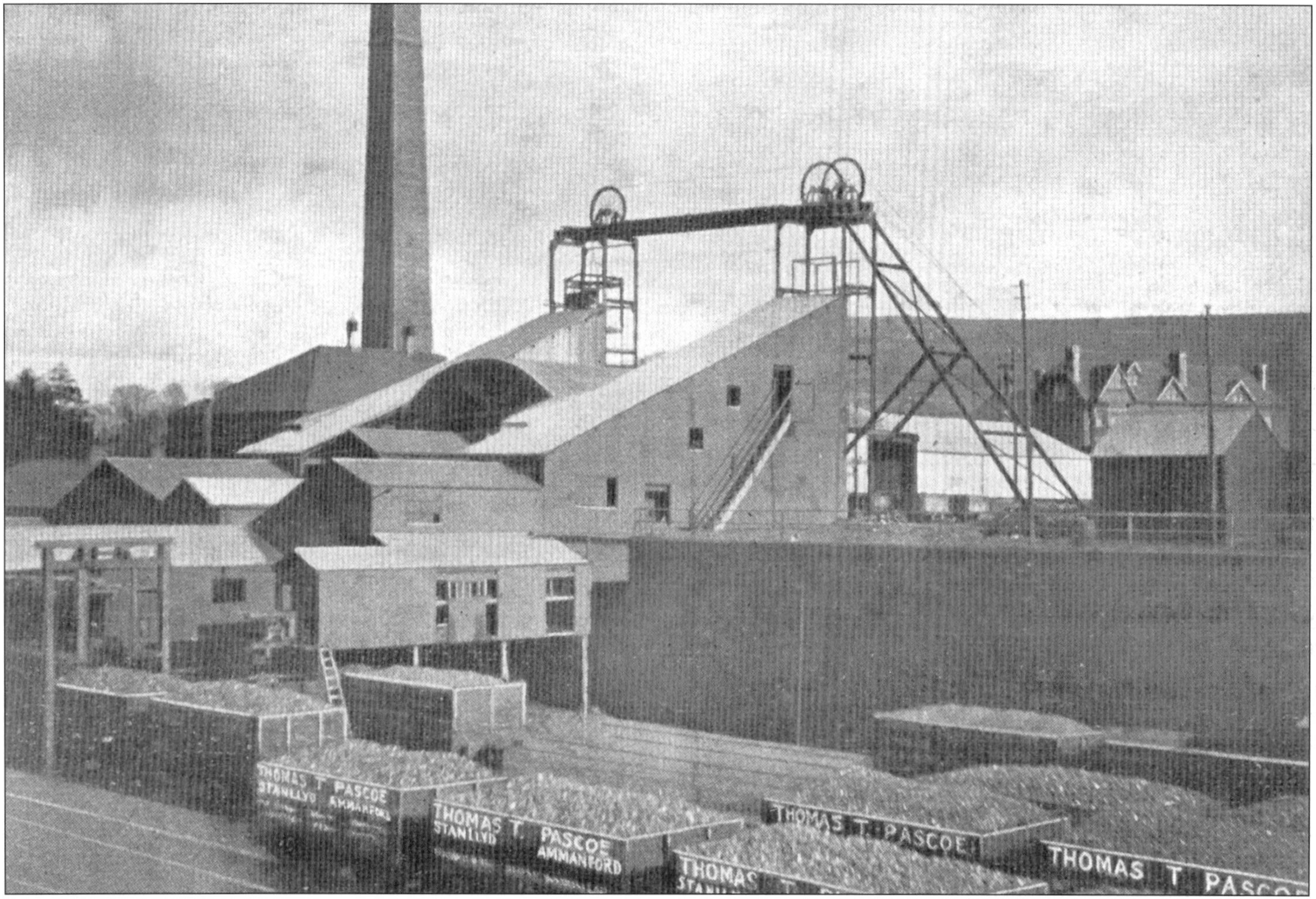

Cerdyn hysbysebu, a gyhoeddwyd gan T.T. Pascoe, Allforwyr Glo, Abertawe, o Waith Glo Rhydaman, tua 1907.

An advertising card, published by T.T. Pascoe, Coal Exporters, Swansea, of Ammanford Colliery, *c.* 1907.

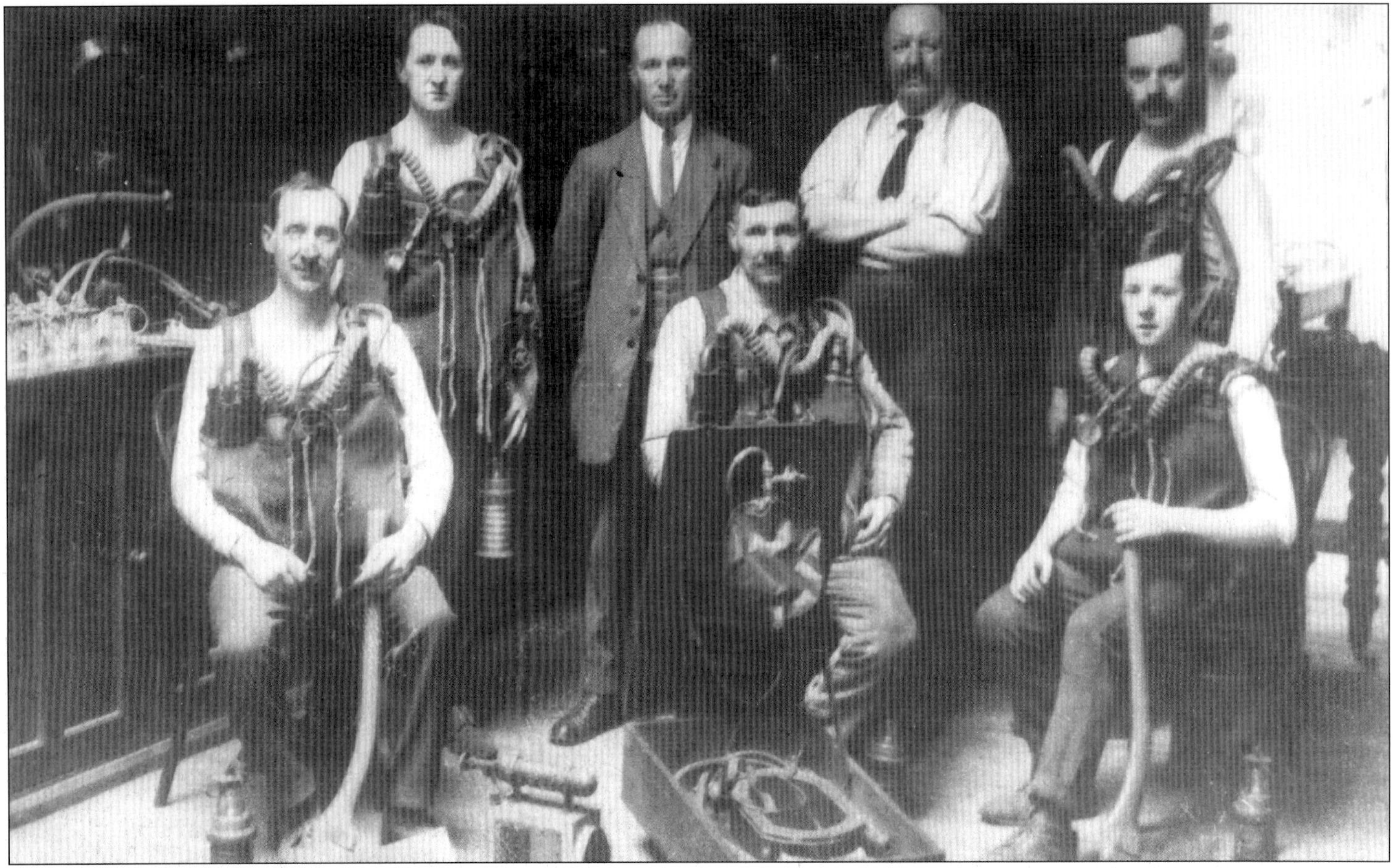

Tîm Achub Glofa Tir-y-dail.

Tir-y-dail Colliery Rescue Team.

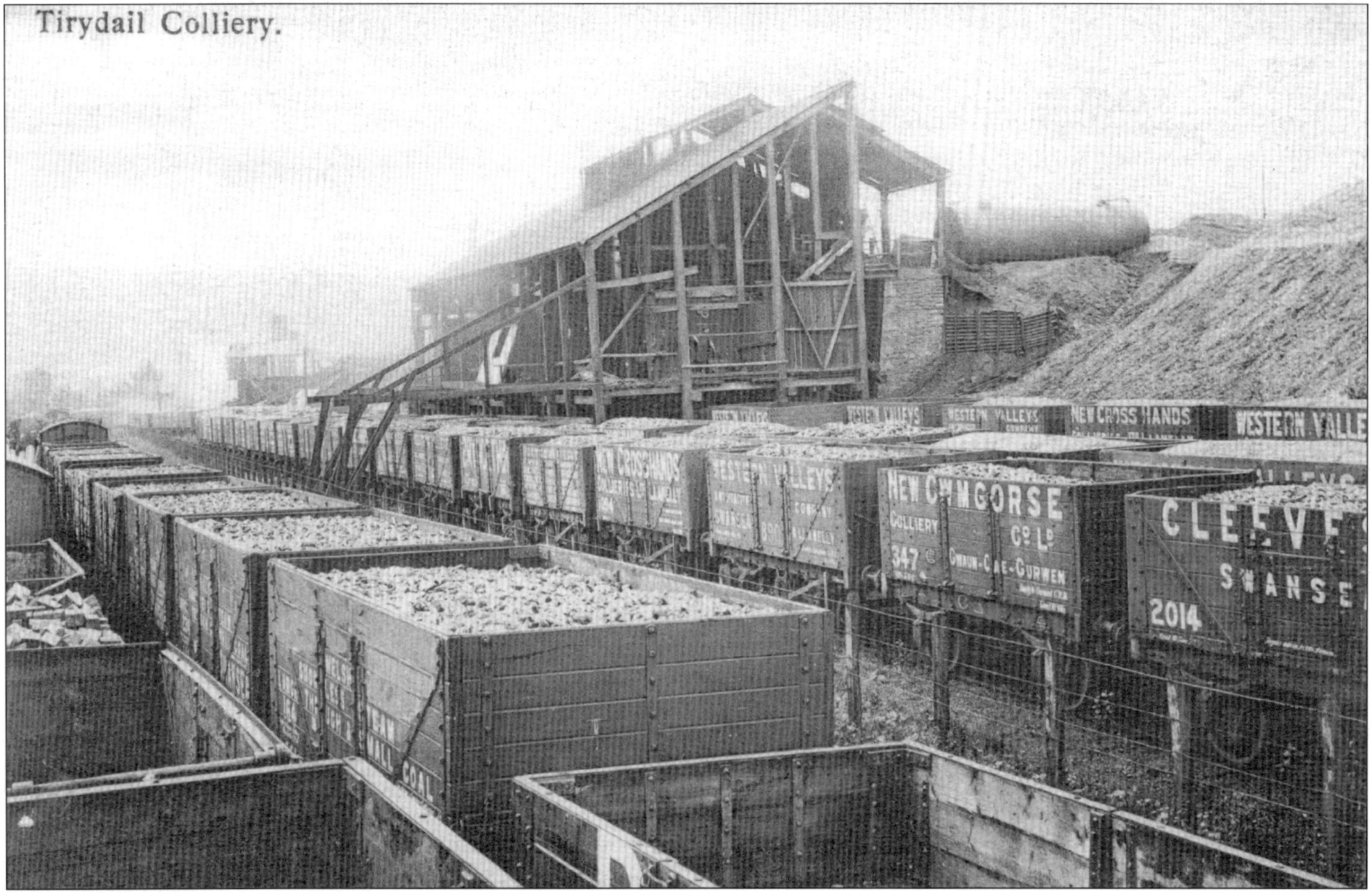

Sgriniau a seidins Glofa Tir-y-dail, 1910. Agorwyd y gwaith glo yn 1898. Cyflogid 278 o ddynion yn 1910, 486 yn 1913, a 522 yn 1921. Caeodd y lofa yn 1927.

Screens and sidings of Tir-y-dail Colliery, 1910. The colliery, which opened in 1898, employed 278 in 1910, 486 in 1913, and 522 in 1921. It closed in 1927.

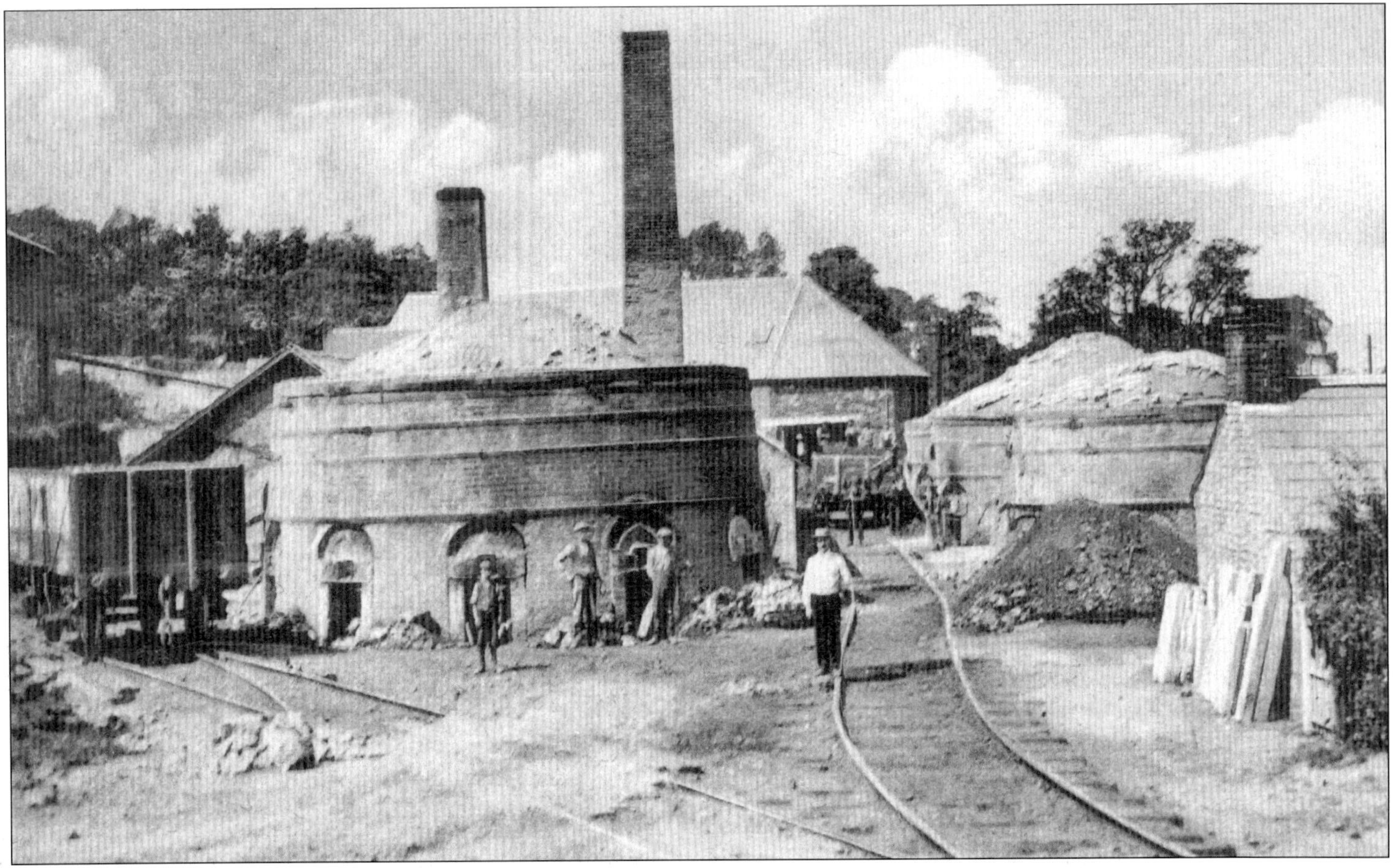

Hen Lofa a Gwaith Brics Pont-y-clerc ym Mhantyffynnon a agorwyd, yn ôl pob tebyg, yn 1835. Agorwyd glofa newydd Pont-y-clerc, ger y gwaith brics, yn 1906, ac fe ddaeth yn un â Phantyffynnon ar ôl gwladoli'r diwydiant yn 1947.

The old Pont-y-clerc Colliery and Brick Works, Pantyffynnon, probably opened in 1835. The new Pont-y-clerc Colliery, opened near the Brick Works in 1906, was amalgamated with Pantyffynnon after nationalisation in 1947.

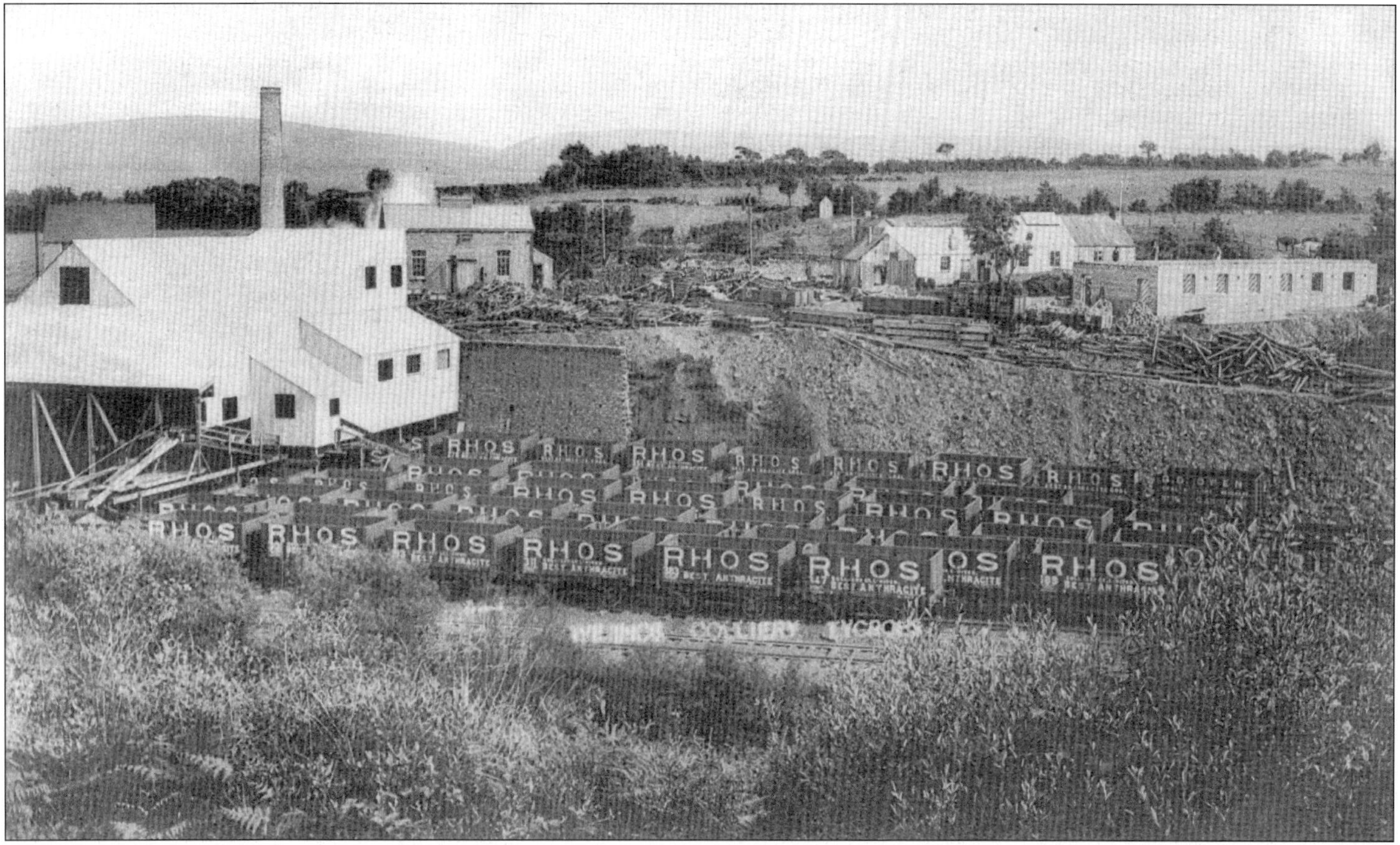

Glofa'r Wernos, tua 1918. Agorwyd y drifft yn 1903, ac erbyn 1924 cyflogid 433 o ddynion. Ailddatblygwyd y safle yn 1955, gan gynnig gwaith i 360 yn 1959, 553 yn 1962 a 614 yn 1964. Caeodd y pwll yn ddirybudd yn Nhachwedd 1965.

Wernos Colliery, *c.* 1918. The drift, opened in 1903, employed 433 men in 1924. It was redeveloped in 1955 and in 1959 employed 360, 553 in 1962 and 614 in 1964. It was closed abruptly in November 1965.

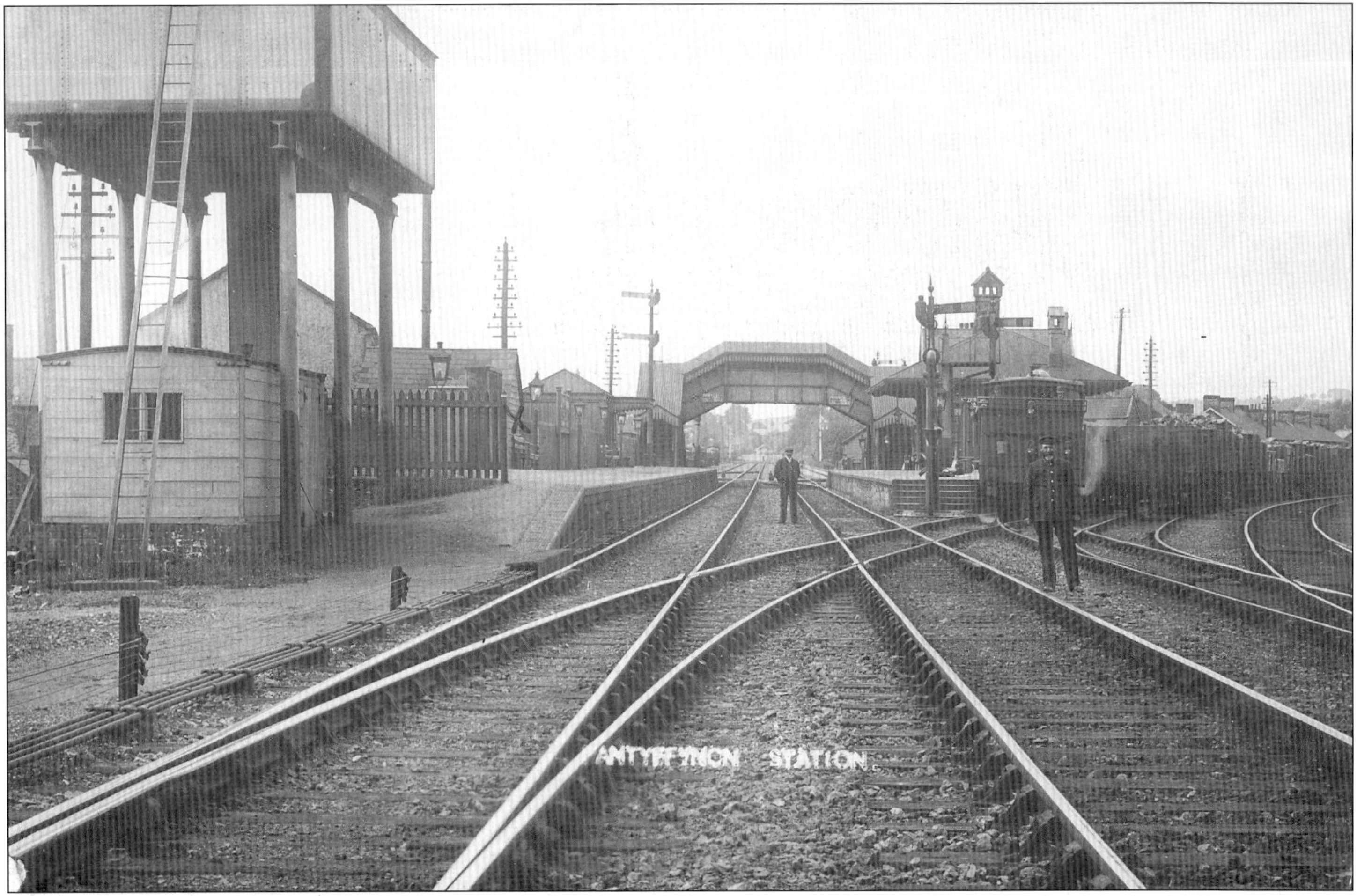

Gorsaf Pantyffynnon, 1908, cyffordd LNWR y Canolbarth a'r GWR yn Nyffryn Aman, y rheilffordd a wasanaethai Frynaman. Croesai'r LNWR y GWR a gysylltai Landeilo a Phontarddulais.

Pantyffynnon Station, 1908, junction of the mid-Wales LNWR and the Amman Valley GWR line to Brynamman. The LNWR crossed the GWR linking Llandeilo and Pontarddulais.

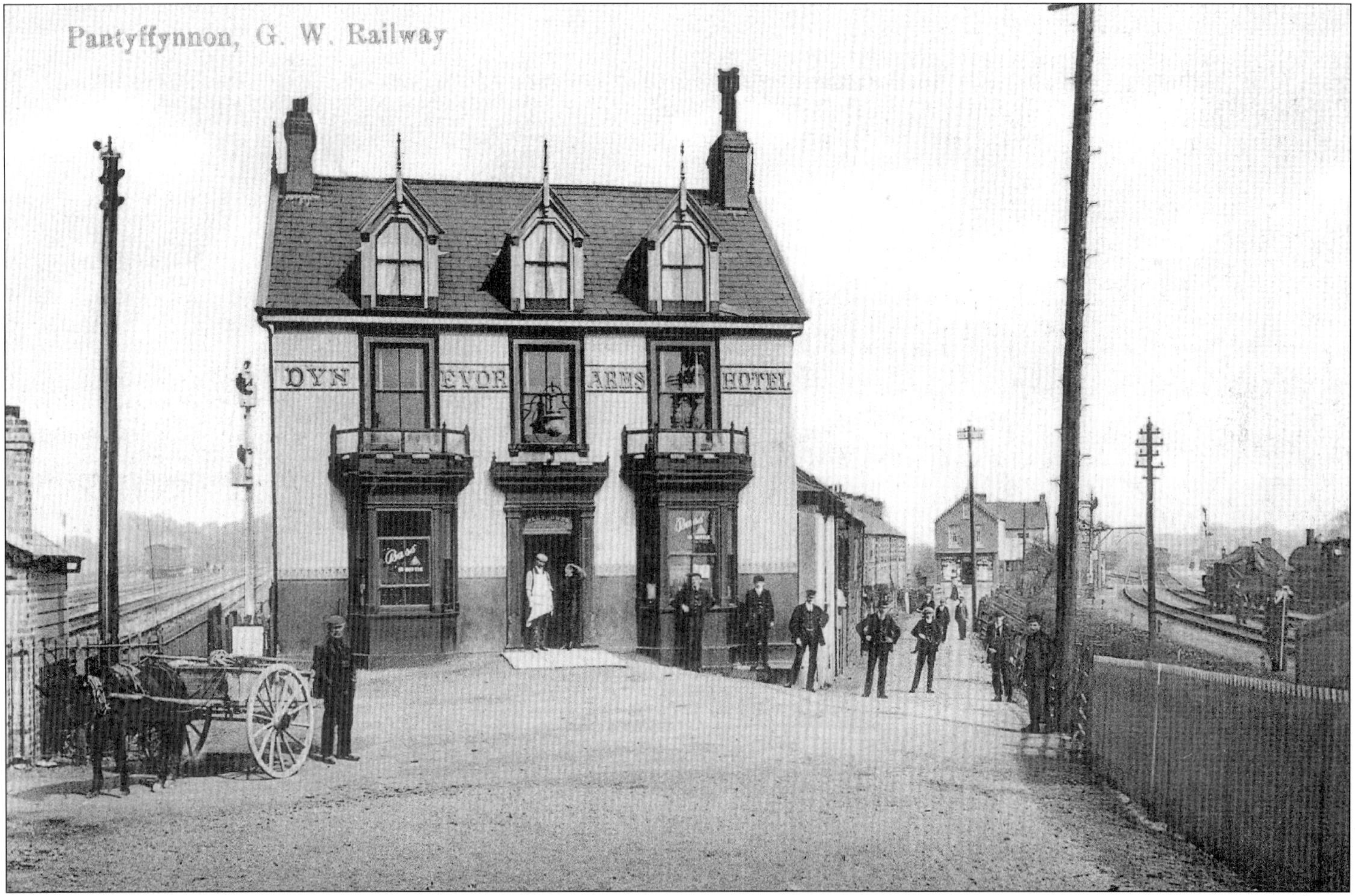

Gwesty'r Dinefwr Arms, Pantyffynnon, tua 1912, a'r ddwy reilffordd o bobtu'r dafarn, lle arferai rhai o weithwyr yr orsaf godi'r bys bach!

Dynevor Arms Hotel, Pantyffynnon, *c.* 1912, and the two railway lines on either side of the hotel, where some of the station staff would partake of liquid refreshment.

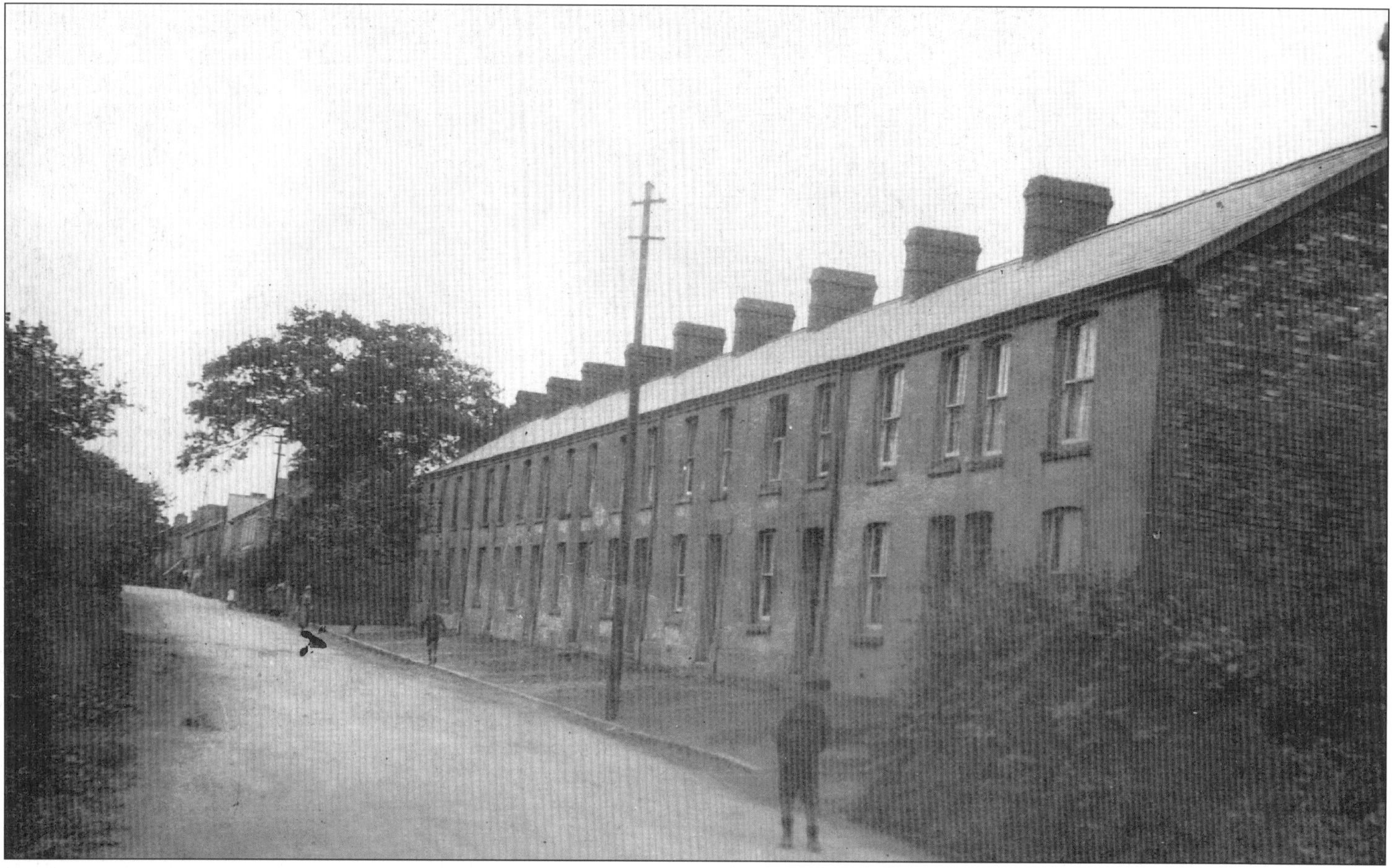

Dynevor Terrace, Pen-y-banc, yn ystod y 1920au.

Dynevor Terrace, Pen-y-banc, during the 1920s.

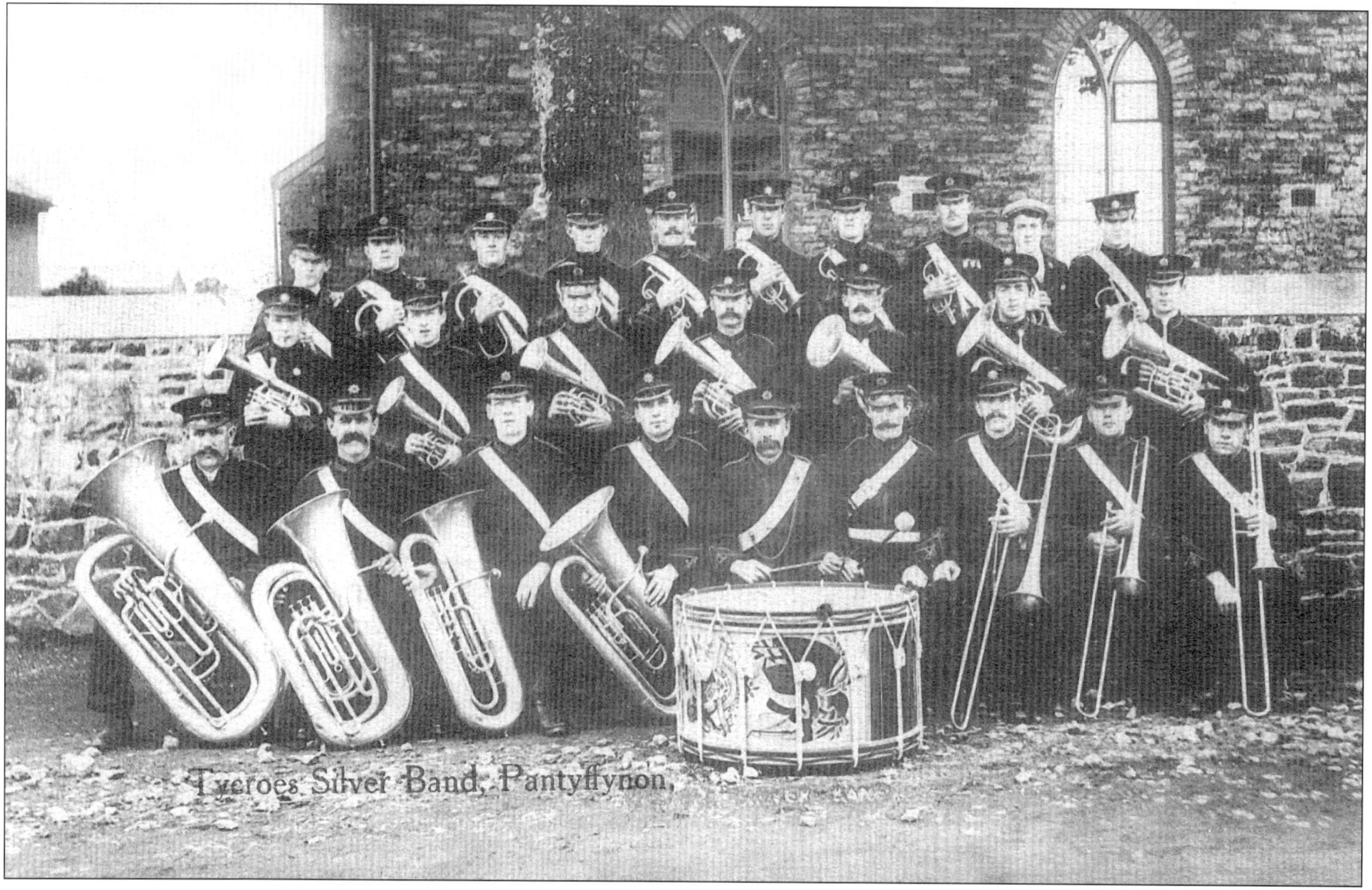

Band Arian Tŷ-croes, tua 1913.

Tŷ-croes Silver Band, *c.* 1913.

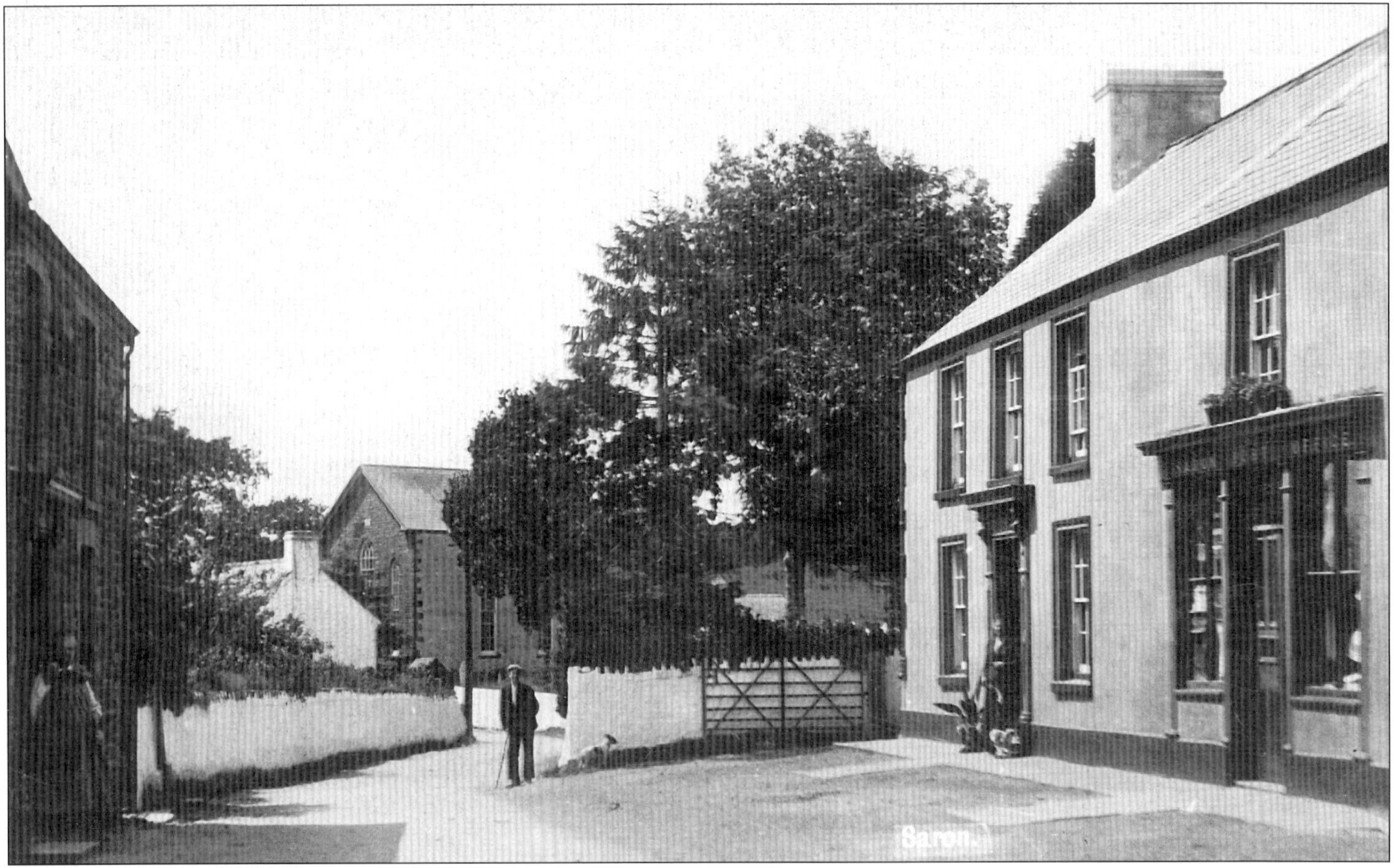

Sgwâr Saron, 1910.

Saron Square, 1910.

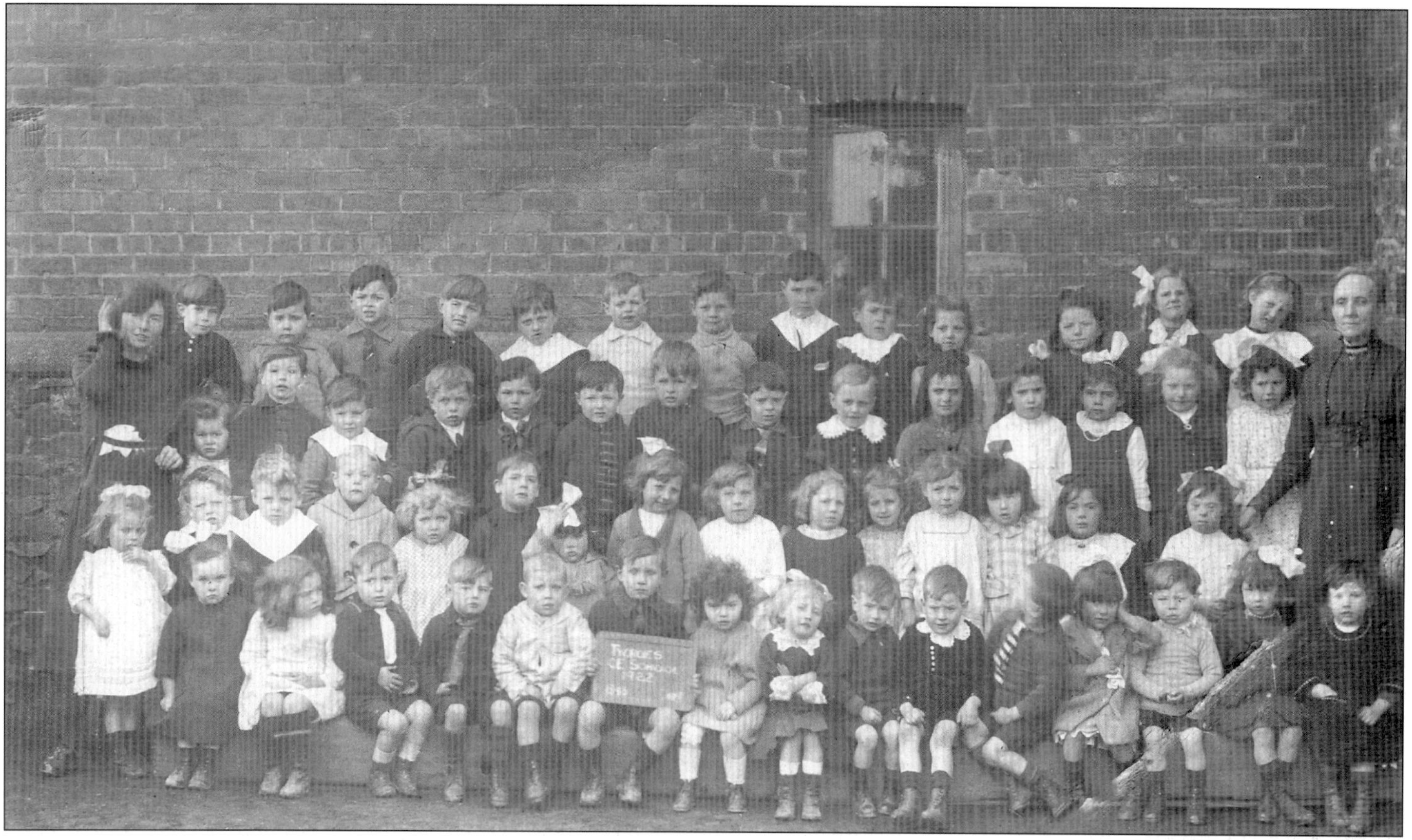

Ysgol yr Eglwys, Tŷ-croes, 1922.

Tŷ-croes Church of England School, 1922.

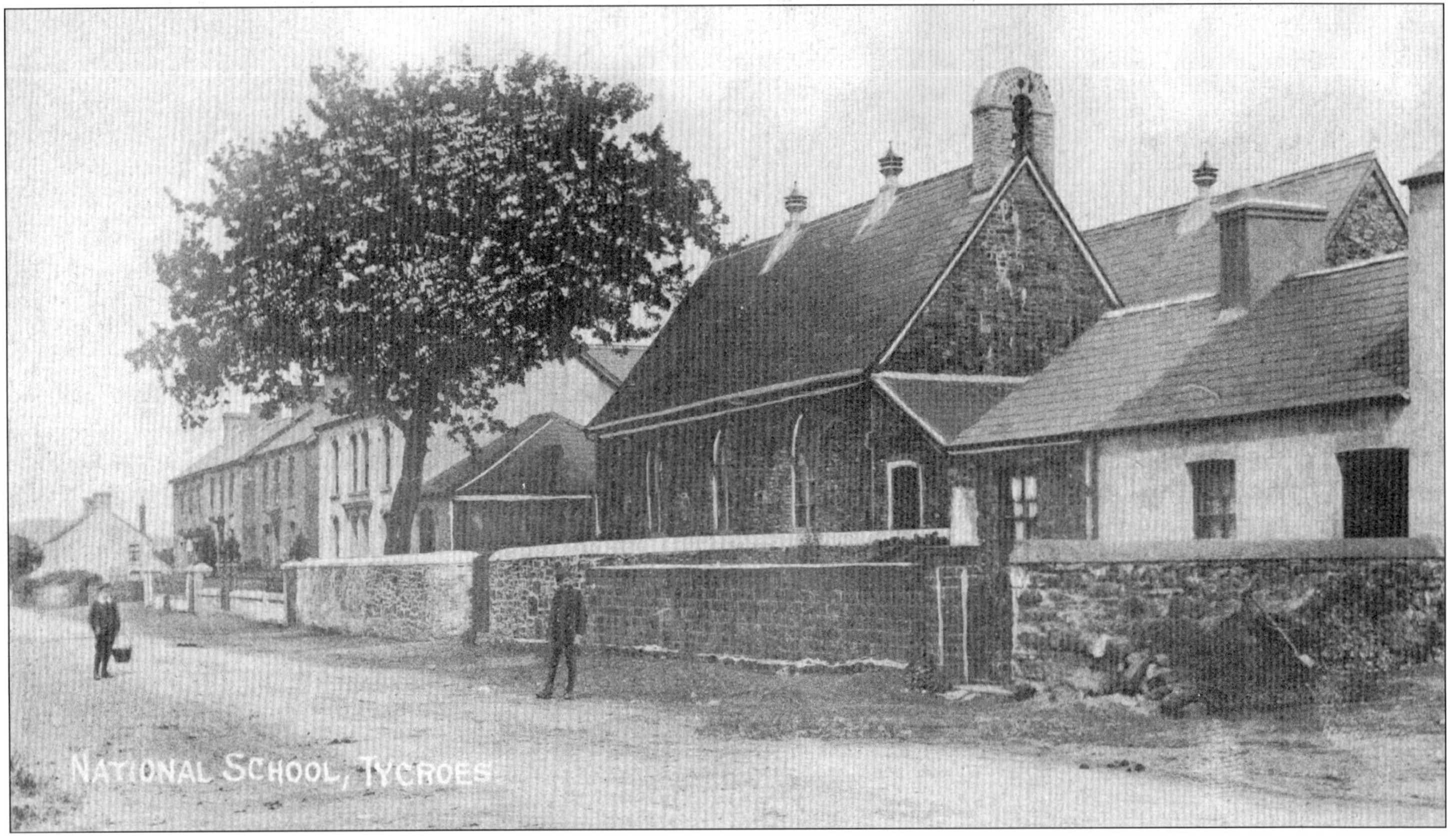

Yr Ysgol Genedlaethol, Tŷ-croes.

The National School, Tŷ-croes.

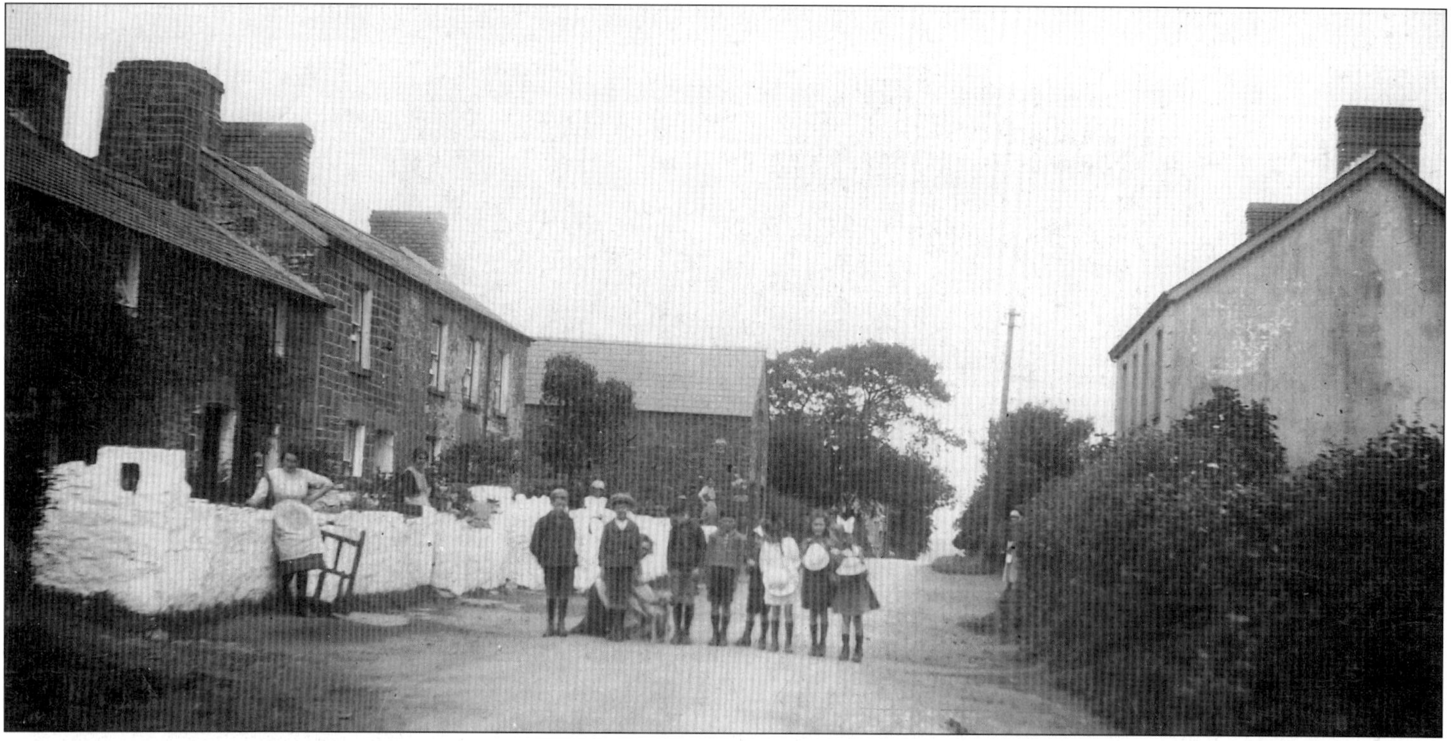

Heol Pen-y-garn, Tŷ-croes, tua 1920.

Pen-y-garn Road, Tŷ-croes, *c.* 1920.

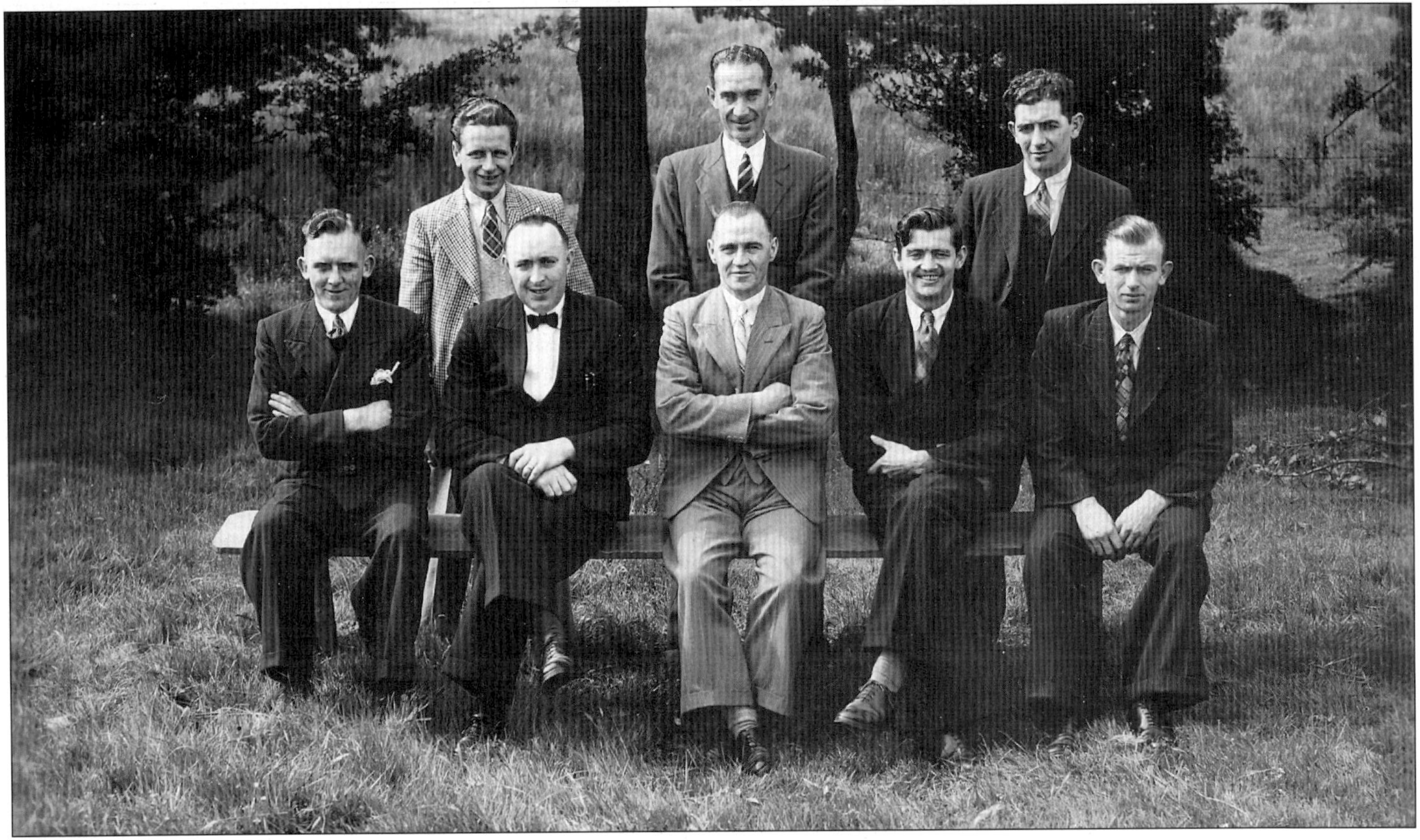

Pwyllgor 'Home Guard Comforts' Capel Hendre a ffurfiwyd i drefnu cyngherddau er budd y milwyr yn ystod yr Ail Ryfel Byd.

Capel Hendre Home Guard Comforts Committee, formed to organise concerts for the benefit of soldiers on leave during the Second World War.

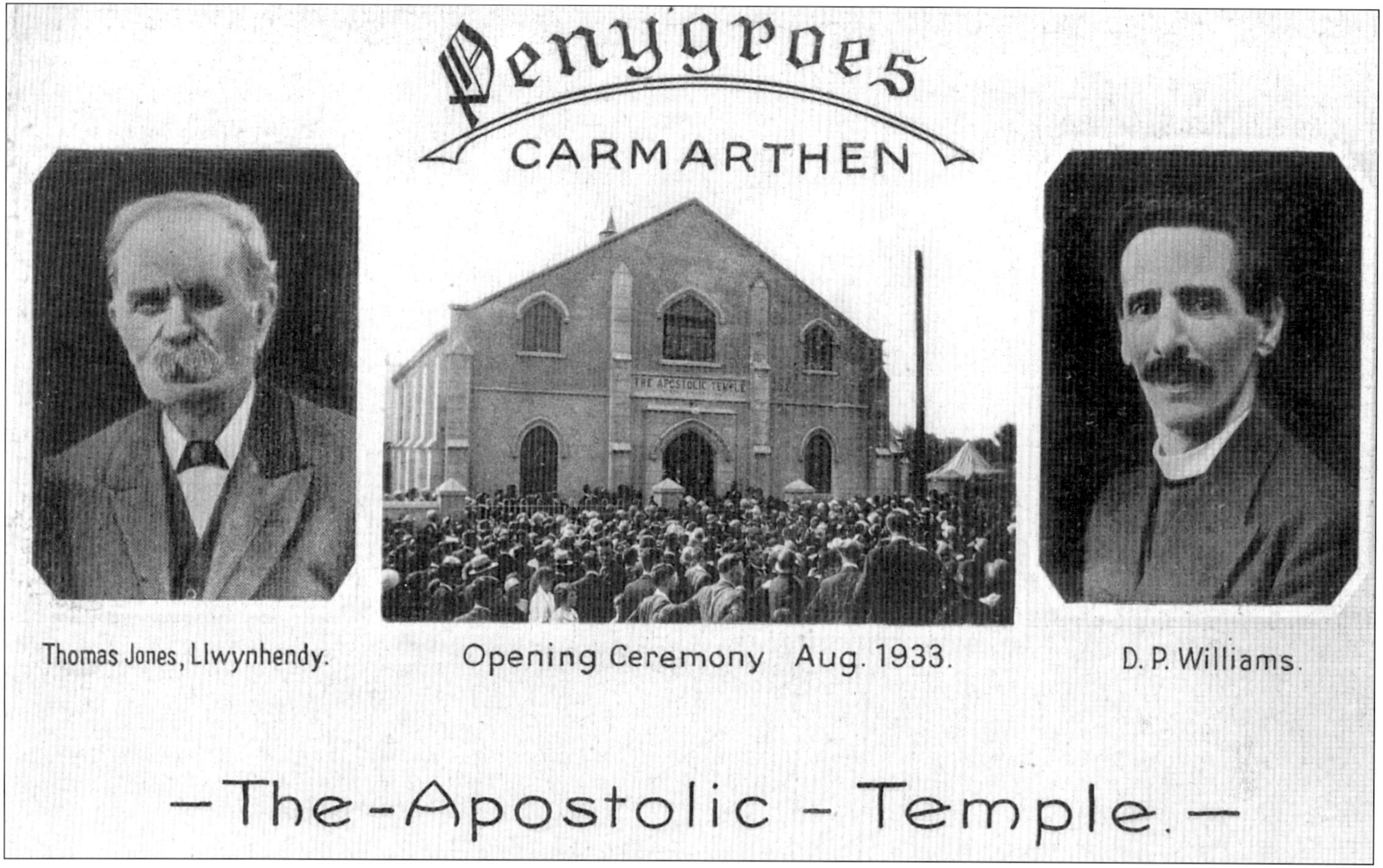

Cerdyn a gyhoeddwyd ar achlysur agor y Deml Apostolaidd yn Awst 1933.

A commemorative card published to mark the opening of the Apostolic Temple in August 1933.

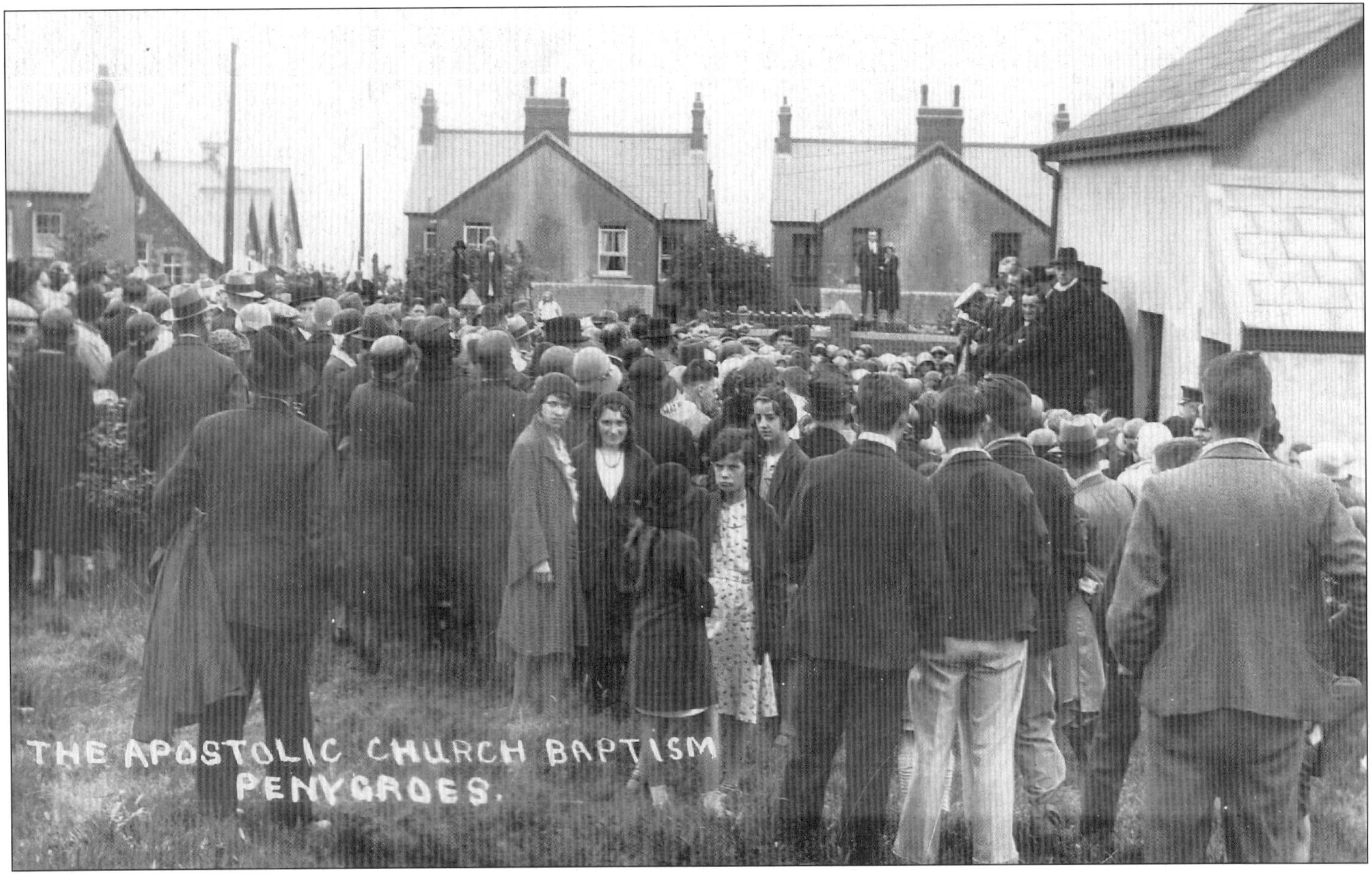

Bedydd yn yr Eglwys Apostolaidd, Pen-y-groes, Awst 1933.

A baptism at the Apostolic Church, Pen-y-groes, August 1933.

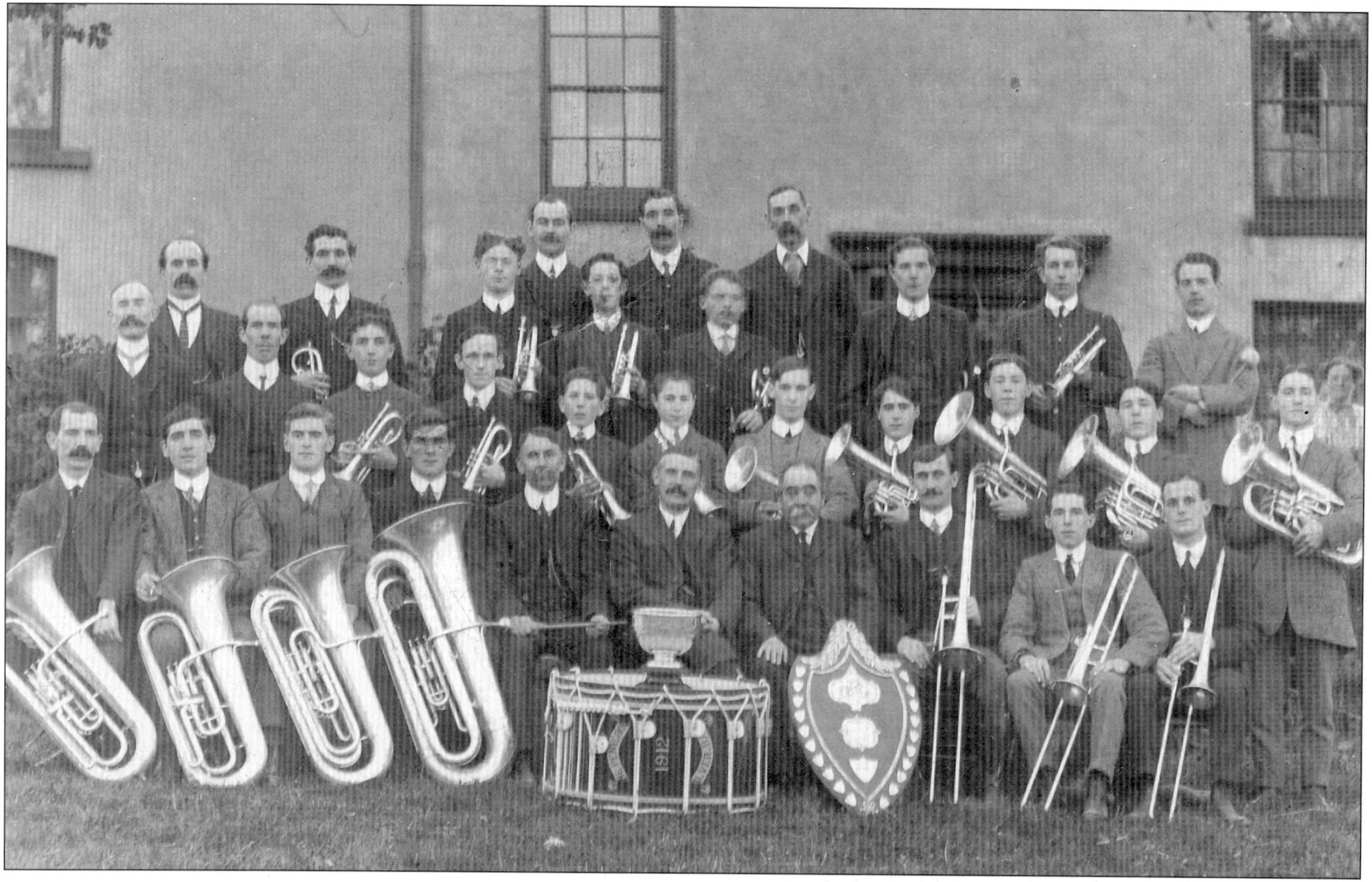

Band Arian Pen-y-groes, 1912.

Pen-y-groes Silver Band, 1912.

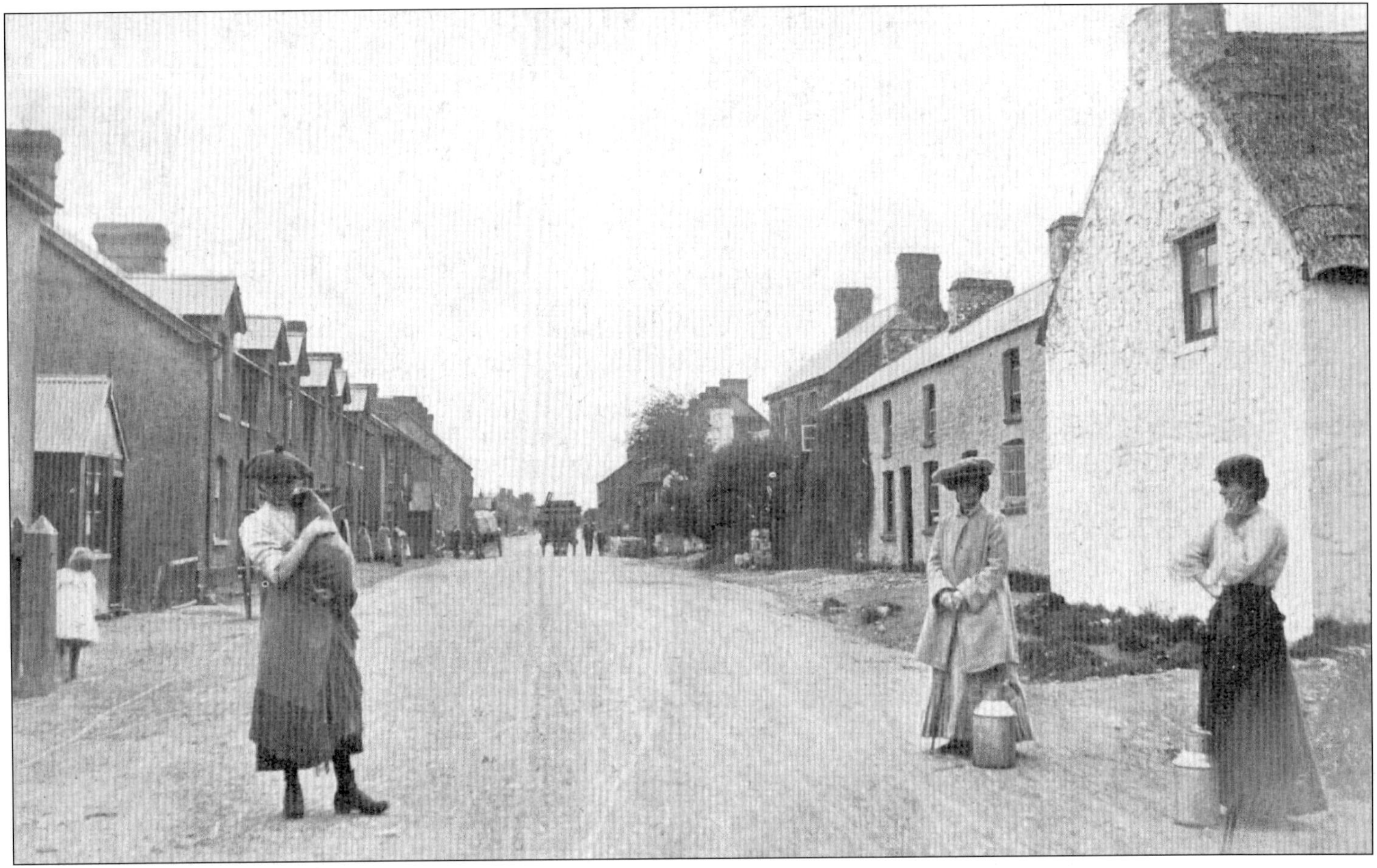

Golygfa gynnar o Ben-y-groes. Sylwch ar y capiau fflat a wisgir gan ddwy o'r gwragedd, y stenau ar gyfer cario dŵr, a'r baban sy'n cael ei gario yn y siôl yn yr hen ffordd draddodiadol Gymreig.

An early view of Pen-y-groes. Notice the flat caps worn by two of the women, the churns for carrying water, and the baby being carried Welsh fashion in the shawl.

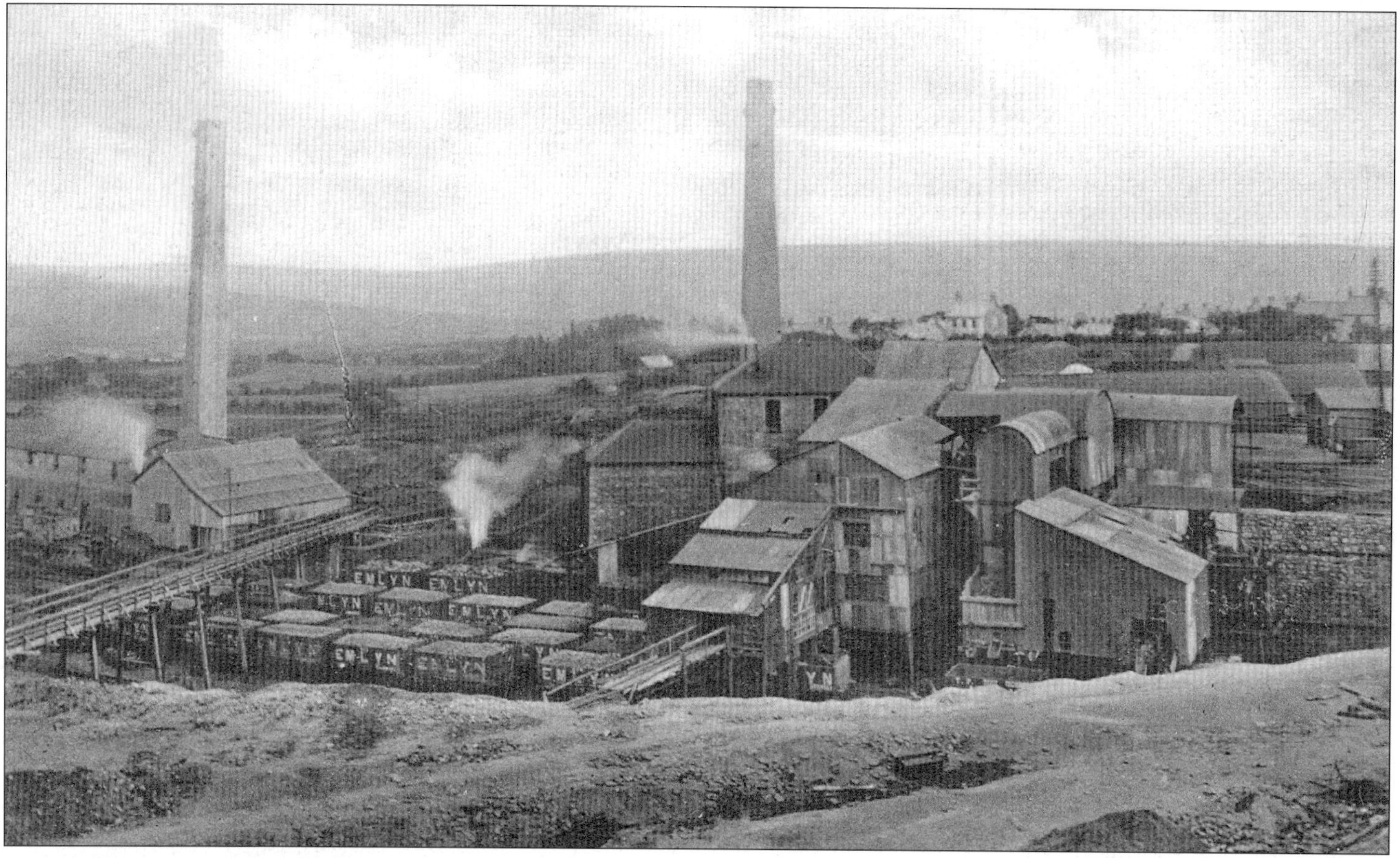

Roedd Glofa'r Emlyn, Pen-y-groes, a ddisgrifiwyd unwaith fel y 'pwll perffaith', yn un o'r pyllau ac ynddo gyfarpar gorau'r maes glo caled. Agorodd y gwaith yn 1893. Cyflogid 426 o ddynion yn 1896, 516 yn 1905, 676 yn 1910, a 740 yn 1924. Caewyd y gwaith yn 1939.

Emlyn Colliery, Pen-y-groes, once described as the 'ideal pit', was one of the best equipped collieries in the anthracite coalfield. It opened in 1893, and employed 426 men in 1896, 516 in 1905, 676 in 1910, and 740 in 1924. The pit closed in 1939.

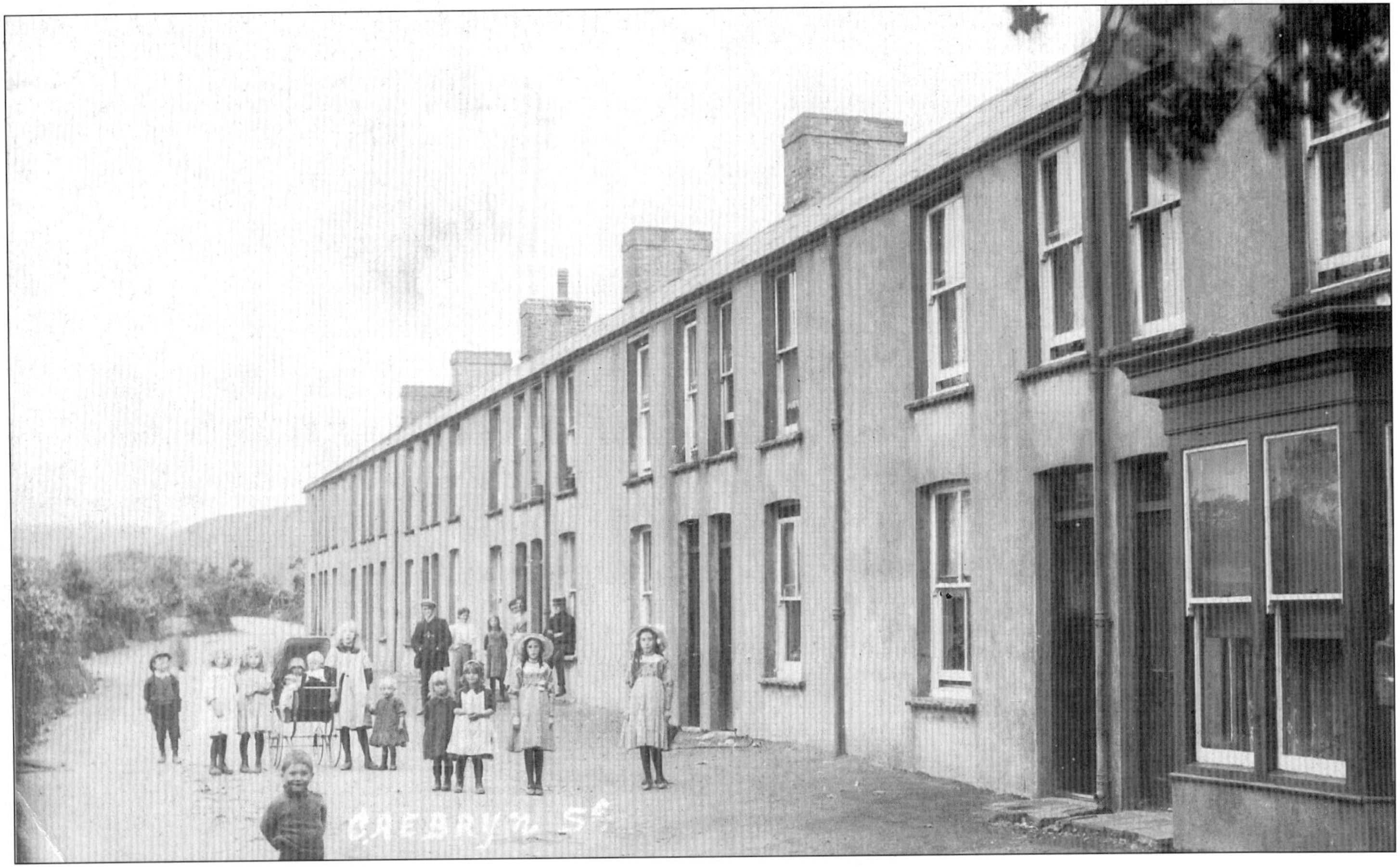

Stryd Cae-bryn, tua 1912.

Cae-bryn Street, *c.* 1912.

No Smileing

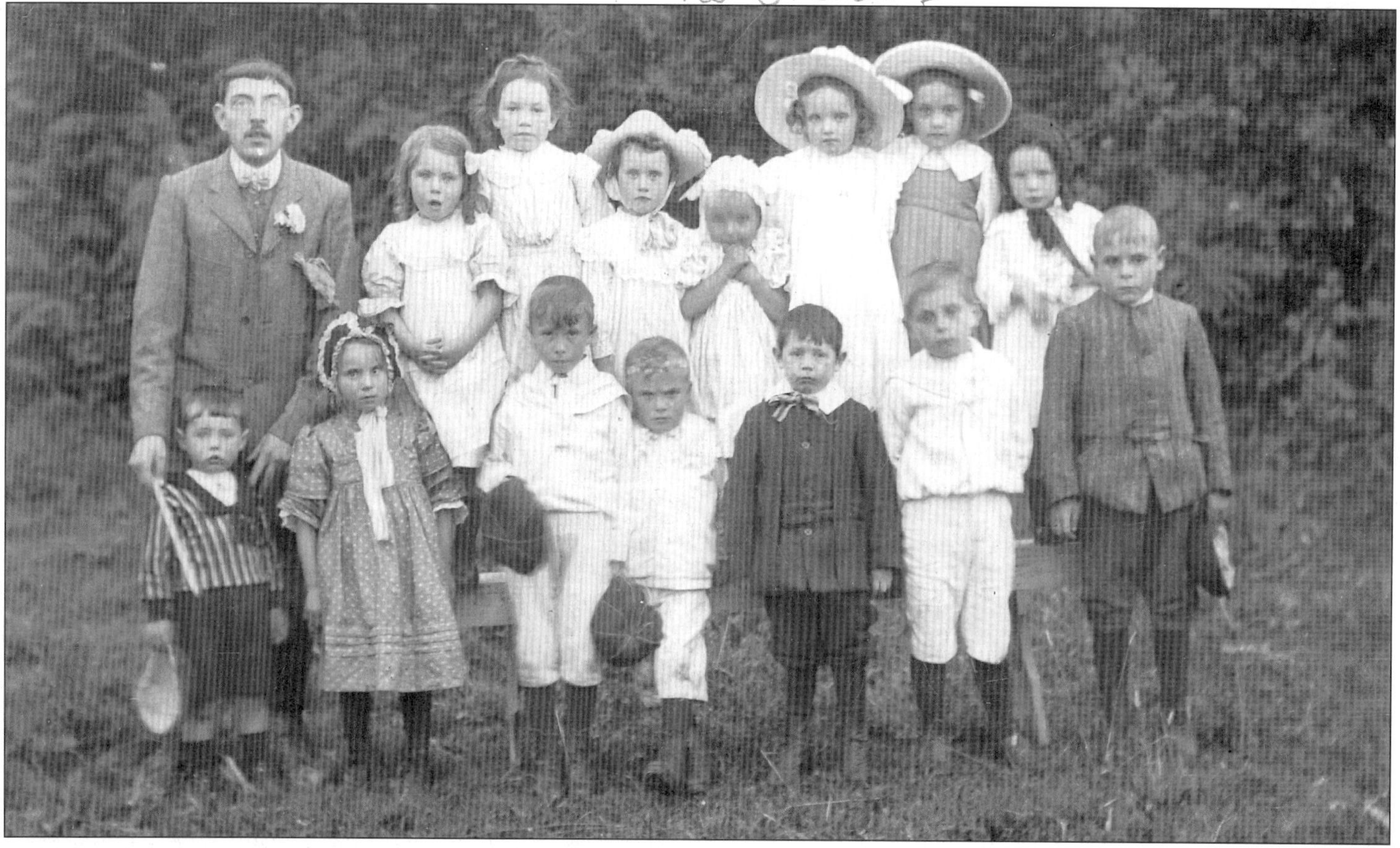

Dosbarth Ysgol Sul Salem, Capel y Bedyddwyr, Llandybïe, 1909.

Salem Baptist Sunday School Class, Llandybïe, 1909.

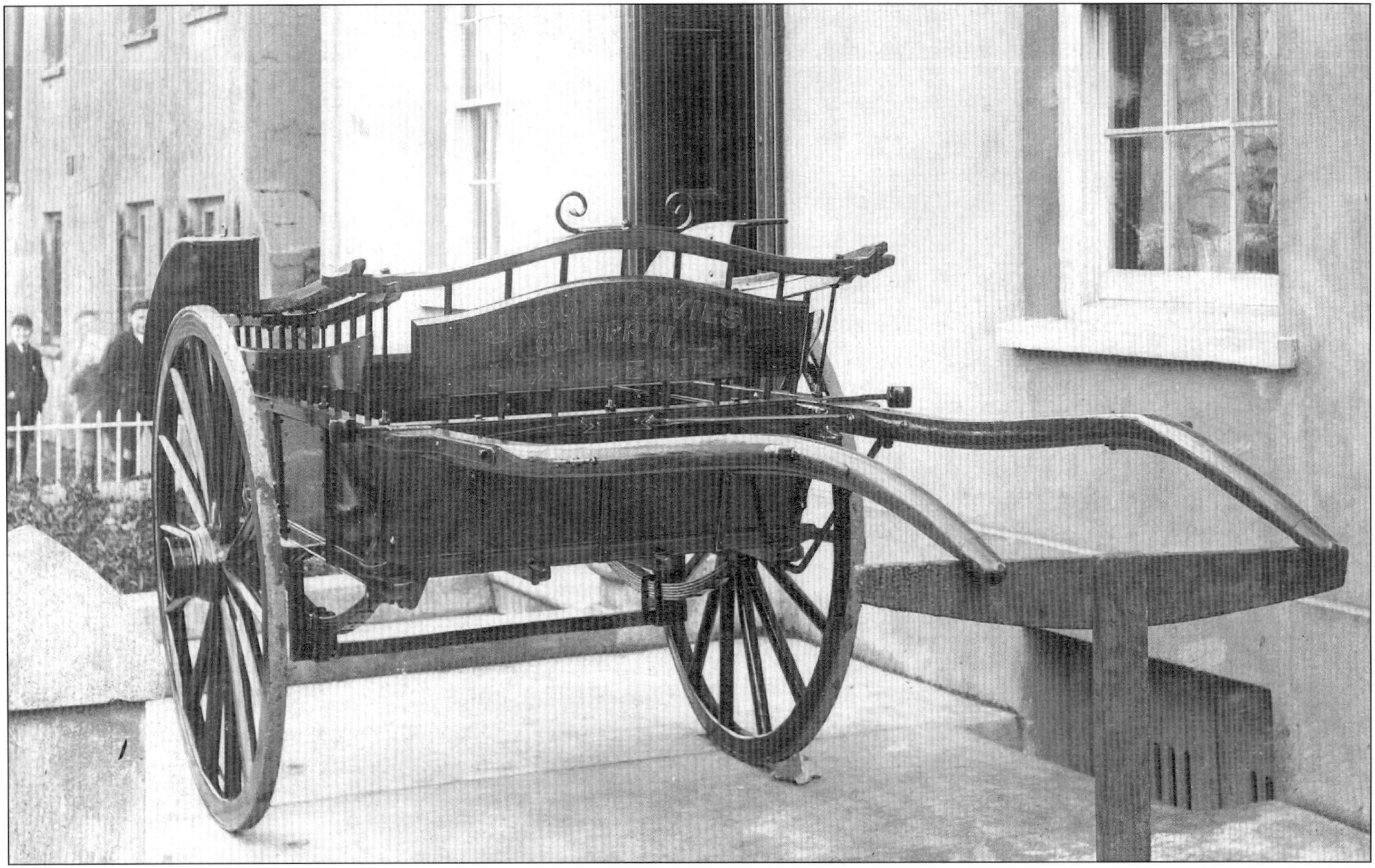

Cert wedi ei hadeiladu ar gyfer Jacob Davies, Coed-pryn, Llandybïe, gan y Brodyr Greenwood, Adeiladwyr Ceirt, Llandeilo, tua 1930.

A cart built for Jacob Davies, Coed-pryn, Llandybïe, by Greenwood Brothers, Coachbuilders, Llandeilo, *c.* 1930.

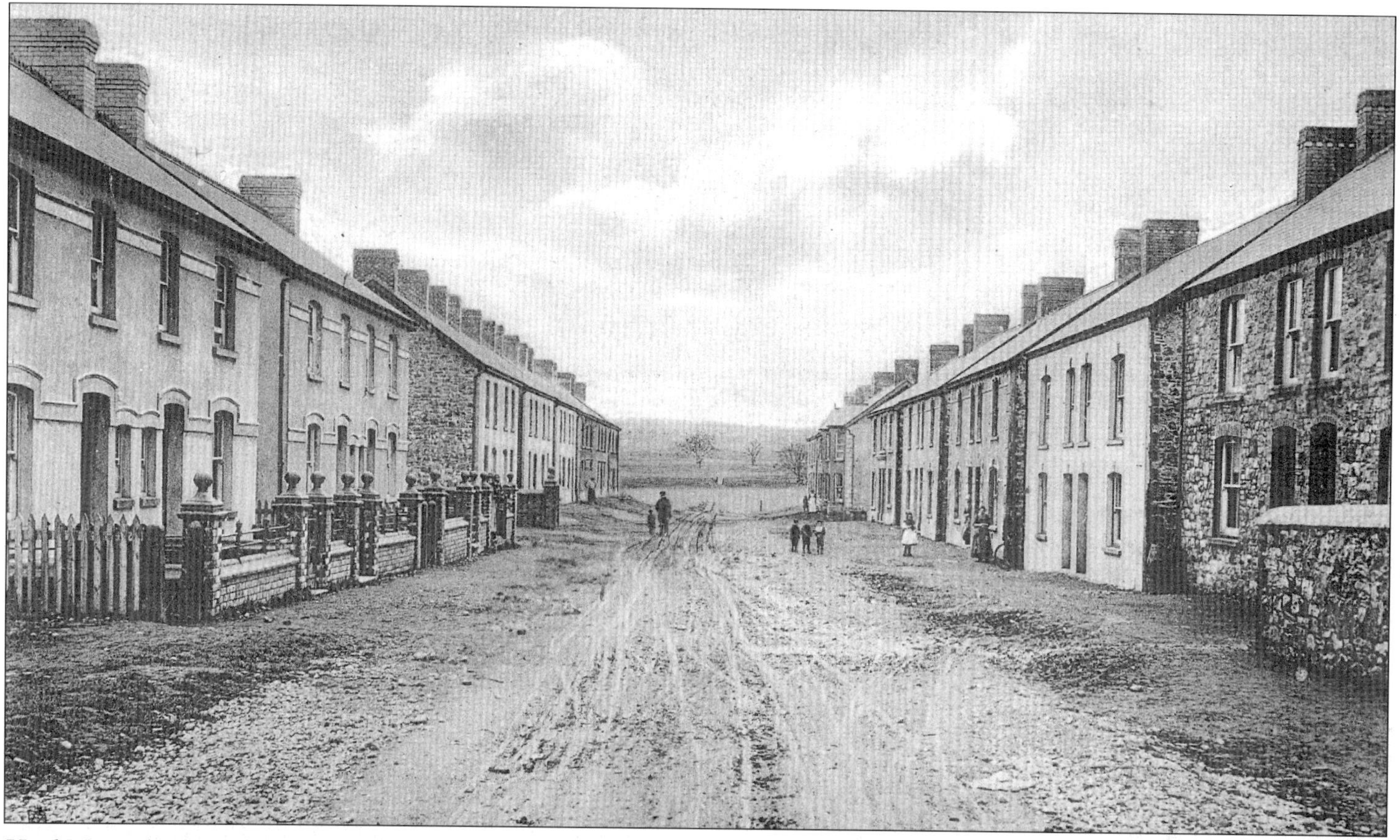

Heol Marged, Llandybïe, 1912.

Margaret Road, Llandybïe, 1912.

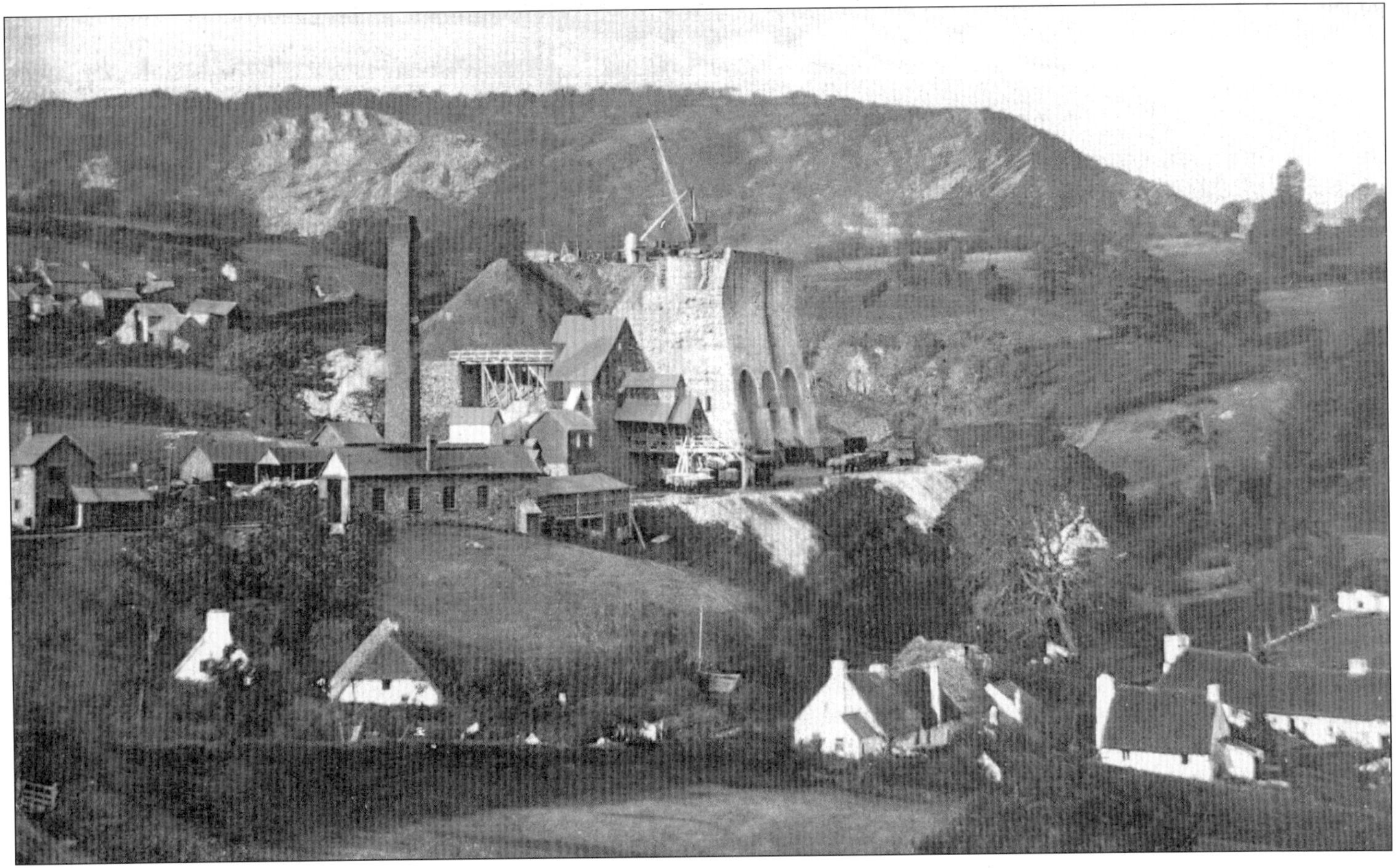

Odynau calch y Cwmni Cymreig, Pentregwenlais, Llandybïe, 1909.

Welsh Company lime-kilns, Pentregwenlais, Llandybïe, 1909.

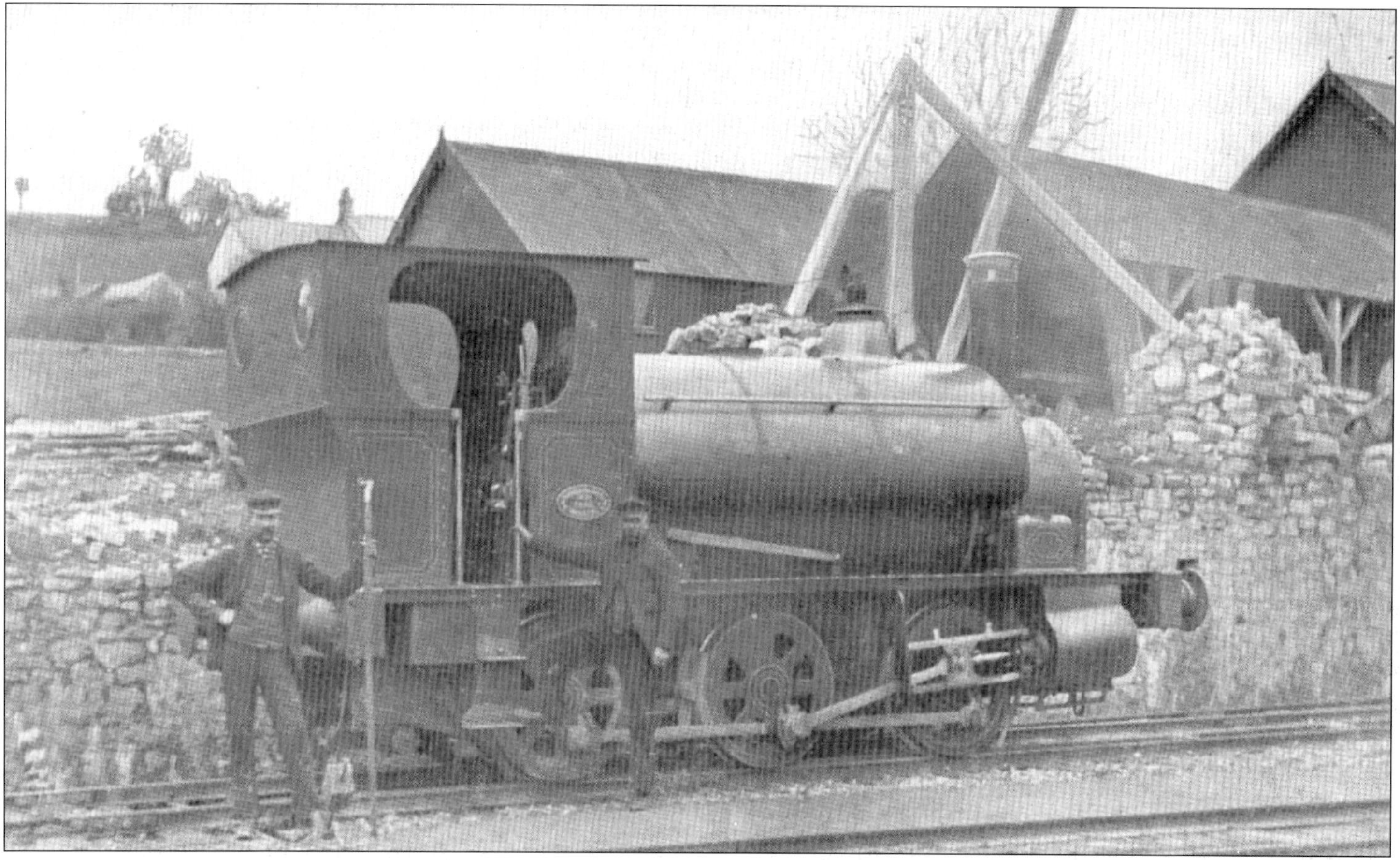

Un o gyfres o bum cerdyn post yn portreadu gwahanol agweddau ar waith calch Llandybïe.

One of a series of five advertising postcards showing different aspects of the Llandybïe limeworks.

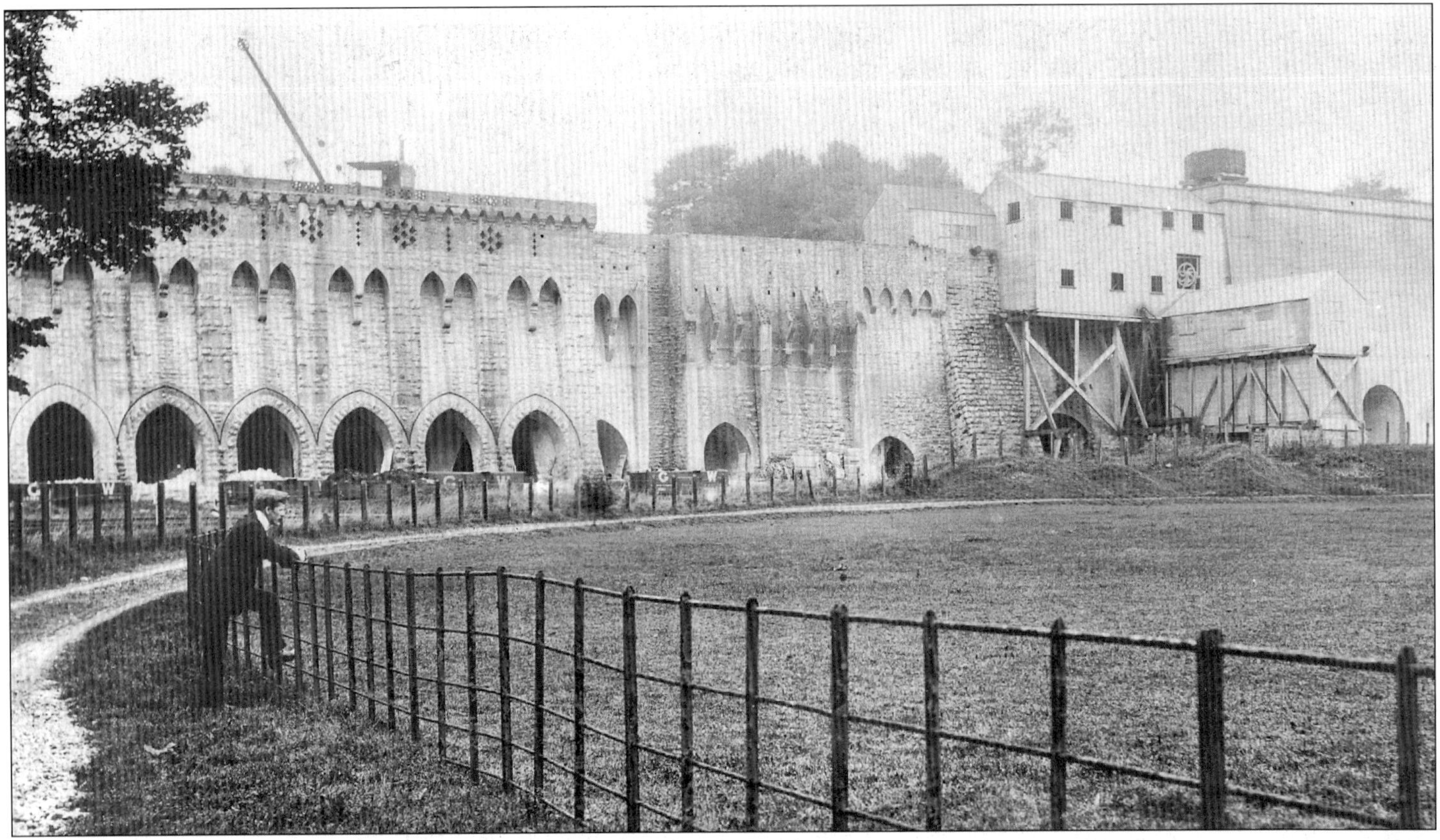

Yr odynau calch yng Nghilyrychen, Llandybïe, *c.* 1909.

The lime-kilns at Cilyrychen, Llandybïe, *c.* 1909.

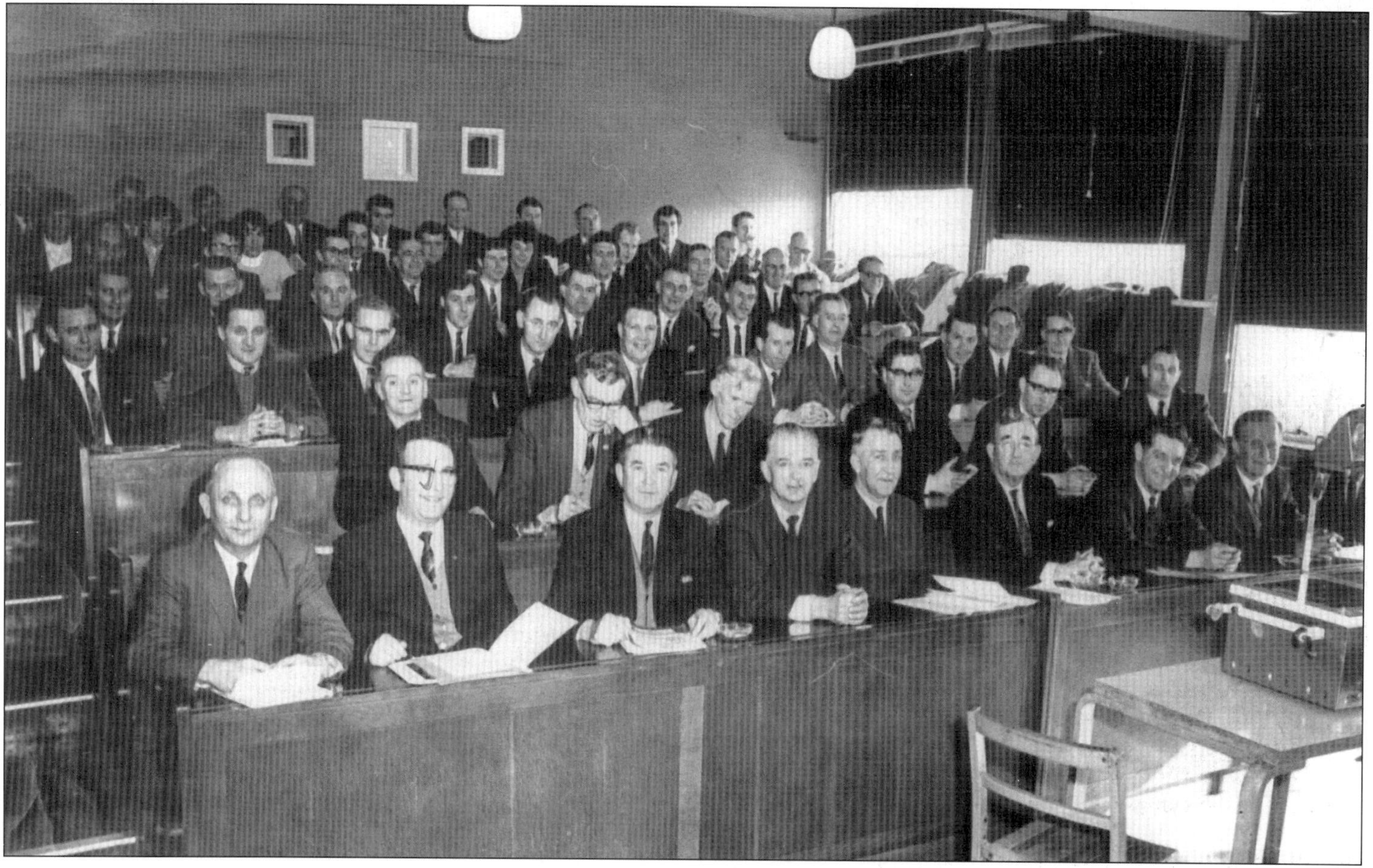

Cynhadledd Addysgol ar gyfer rheolwyr o bob gradd, swyddogion a gweithwyr tan-ddaear, a gynhaliwyd yng Ngholeg Technegol Rhydaman cyn dechrau gweithio ffas lo W5 yn Aber-nant ar 20 Chwefror 1970.

Conference or 'Teach In', for all levels of management, underground officials and workmen, held at Ammanford Technical College before the commencement of production of W5 coal-face at Aber-nant on 20 February 1970.

LLANELLY, LLANDILO, LLANDOVERY, AND CWMAMMAN RAILWAYS.

FROM.	1,2,3.	1,2,3.	Exp.
	a.m.	a.m.	p.m.
Swansea	8 0	11 0	3 55
Llanelly (S.W.R.St.)	9 0	12 0	5 10
Llanelly Dock	9 5	12 4	5 15
Bynea....................	9 15	12 12	5 25
Llangenech	9 20	12 18	5 30
Pontardulais	9 30	12 25	5 40
Pantyffynnon	9 45	12 35	5 55
Garnant.........dep.	9 20	...	5 30
Cross Inn ......dep.	9 40	...	5 50
Cross Inn ......arr.	9 50	...	6 0
Garnant ....arr.	10 10	...	6 20
Llandebie	9 50	12 40	6 0
Derwydd Road.........	9 55	12 45	6 5
Fairfach..................	10 5	12 55	6 15
Llandilo...................	10 10	1 0	6 20
Talley Road	10 15	1 5	6 25
Glanryd	10 20	1 10	6 30
Langadock	10 25	1 15	6 42
Lampeter Road	10 30	1 20	6 50
Llandovery	10 40	1 30	7 0

FROM.	1,2,3.	1,2,3.	1,2,3.
	a.m.	a.m.	p.m.
Llandovery	8 50	2 0	6 40
Lampeter Road	8 55	2 10	6 50
Llangadock	9 0	2 15	6 55
Glanrhyd	9 5	2 20	7 0
Talley Road............	9 10	2 25	7 5
Llandilo	9 15	2 30	7 10
Fairfach..................	9 20	2 35	7 15
Derwydd Road	9 30	2 45	7 25
Llandebie	9 35	2 50	7 30
Pantyffynnon	9 45	3 0	7 40
Garnant.........dep.	9 20	...	7 10
Cross Inn ......dep.	9 40	...	7 30
Cross Inn...... arr.	9 50	...	7 45
Garnant ....arr.	10 10	...	8 5
Pontardulais	10 0	3 10	7 55
Llangennech	10 7	3 18	8 2
Bynea....................	10 15	3 25	8 8
Llanelly Dock	10 24	3 30	8 16
Llanelly (S.W.R. St.	10 30	4 35	8 20
Swansea.................	11 30	7 24	9 39

Garnant Passengers will be set down or taken up at Gellyceidrim or Cross Keys, if required.
The Trains will stop at Llangennech, Derwydd Road, and Glanrhyd by signal only; Passengers wishing to alight must give notice to the guard at the next Station of their intention.

Printed and Published by John Thomas, at his General Printing Office, in Water-street, in the town of Llanelly, in the County of Carmarthen.

Amserlen y GWR ar gyfer Mai 1861.

GWR railway timetable for May 1861.